双循环

构建以国内大循环为主体
国内国际双循环相互促进的新发展格局

袁国宝◎著

中国经济出版社

图书在版编目（CIP）数据

双循环：构建以国内大循环为主体、国内国际双循环相互促进的新发展格局 / 袁国宝著 . —北京：中国经济出版社，2021.1

ISBN 978-7-5136-6315-1

Ⅰ. ①双… Ⅱ. ①袁… Ⅲ. ①世界经济—循环经济—研究 Ⅳ. ① F113.3

中国版本图书馆 CIP 数据核字（2020）第 169981 号

责任编辑　张梦初　陈宇慧　戴　瑛
责任印制　巢新强
封面设计　卓义云天

出版发行　中国经济出版社
印 刷 者　北京力信诚印刷有限公司
经 销 者　各地新华书店
开　　本　710mm × 1000mm　1/16
印　　张　15
字　　数　165 千字
版　　次　2021 年 1 月第 1 版
印　　次　2021 年 1 月第 1 次
定　　价　59.80 元
广告经营许可证　京西工商广字第 8179 号

中国经济出版社 网址 www.economyph.com 社址 北京市东城区安定门外大街58号 邮编 100011

本版图书如存在印装质量问题，请与本社销售中心联系调换（联系电话：010-57512564）

Preface | 前言

2020年是不平凡的一年，新冠肺炎疫情在全球爆发，中美贸易摩擦加剧，导致我国经济发展的外部环境急剧恶化。同时，2020年也是“十三五”规划的收官之年，是全面建成小康社会的决胜之年。5月23日，习近平总书记看望参加全国政协十三届三次会议经济界委员并参加联组会。他深刻分析国内国际形势，指出面向未来，我们要把满足国内需求作为发展的出发点和落脚点，逐步形成以国内大循环为主体、国内国际双循环相互促进的新发展格局。

双循环新发展格局是党中央在统筹国际、国内形势的基础上做出的重大战略决策，有可能成为“十四五”规划的重要底层逻辑。从深层次来看，双循环新发展格局有三大内涵：

- 在关系国家安全的关键领域实现内循环。近两年，中美博弈引起了社会广泛关注，美国倾全国之力对中国企业的打压触动了每一位中国人的神经，让我们清晰地认识到，如果不在关键核心领域（光刻机、芯片制造等）实现内循环，构建一条可以实现自给自足的供应链，中国企业、中国经济乃至国家安全都将受到严重威胁。

• 全面挖掘国内市场，释放内需潜力，培育新的经济增长点。近年来，随着经济高速发展，人均可支配收入有了大幅提升，再加上消费观念升级，人们的消费需求、消费热情空前高涨。在外部发展受阻的情况下，政府引导企业将目光转向国内市场，挖掘内需市场的潜力，在5G技术革命的引领下，大力推动物联网、数字经济、智能制造等行业发展，培育新的经济增长点，带动内循环实现健康发展。

• 坚持改革开放的基本国策，进一步提高对外开放水平，形成国内国际互补的双循环格局。双循环新发展格局虽然倡导大力发展内循环，但不是要脱离国际经济，更不是要与其他国家中断贸易往来。在经济全球化的背景下，内需的形成与供给离不开畅通的国际产业链与供应链。因此，我国要进一步扩大开放，与“一带一路”倡议联动，以更积极主动的姿态融入全球产业链、供应链，形成国内国际互补的双循环格局。

“双循环”对于保障经济安全，探索新的增长空间来说意义重大。在外部形势高度不确定的情况下，以国内超大规模的市场、完整的产业链条以及实力雄厚的产业基础为依托，畅通生产、分配、流通、消费等经济运行的各个环节，实现供需循环、产业循环、区域循环、城乡循环与要素循环，可以构建一个实体经济与数字经济融合共生的现代产业体系，促进区域协调发展，加快推进乡村振兴，使农村成为新的生产中心和消费中心，加快物流、人流、信息流、资金流等要素在全社会流动，摆脱对国际大循环的过度依赖，切实维护我国的经济安全。

双循环新发展格局的形成倡导以创新为重要支撑点，而创新是紧抓第四次产业革命机遇的关键。进入21世纪以来，我国的创新实力快速提升，而且创新模式发生了重大转变，从技术引进、吸收的外源式创新转变为自主创新、创新驱动、协同创新、原始创新、基础研究等内源式创新。2019年，我国PCT专利申请数量首次超越美国，达到5.9万件，跃升为全球第一。与此同时我们也要认识到，在部分关键技术领域，我国始终没有突破技术瓶颈，核心零部件严重依赖进口。“双循环”所提倡的供应链、产业链创新，有利于我国打破这种发展困境，切实推动“中国制造2025”目标的实现，在国际竞争中抢占制高点。

本书从深层内涵、战略意义等方面对“双循环”新发展格局进行深入剖析；对国内大循环体系的构建，国内国际双循环相互促进格局的形成做了全面阐述；对双循环新发展格局下供应链、产业链的稳定与创新，以及稳定经济发展、促进经济高质量增长的“六稳”“六保”政策做了全面解读。本书共分五大部分：

第一部分 双循环新发展格局。本部分立足于双循环新发展格局的内涵，对双循环新发展格局的战略意义、提出背景、前人基础、制度逻辑、形成路径等做了全方位阐述，带领读者对双循环新发展格局形成宏观认知。

第二部分 以国内大循环为主体。本部分立足于我国经济发展面临的困境以及现存的供需矛盾，从深化改革、创新驱动两大层面对国内大循环体系的形成路径进行论述，带领读者全面认识“国内大循环”，对国内大循环体系的形成产生独到的看法与见解。

第三部分 国内国际双循环相互促进。双循环新发展格局的形成在重视内循环的同时也不能忽略外循环，需要进一步扩大改革开放，构建更高水平的开放型经济新体制。本部分对我国开放型经济体制的演化做了全面分析，提出开放型经济新体制的构建方案，与“一带一路”倡议以及自贸区建设相结合，带领读者对新形势下的对外开放产生深刻理解。

第四部分 提高产业链、供应链稳定性。双循环新发展格局的形成离不开稳定的供应链、产业链的支持。本部分对新形势下我国产业链、供应链面临的挑战进行全面分析，对国际视野下的供应链政策、双循环格局下的供应链建设、我国产业链现代化的实现方案、后疫情时代我国供应链安全战略等内容做了全面阐述，带领读者对我国产业链、供应链安全与建设形成独到认知。

第五部分 做好“六稳”，落实“六保”。“六稳”“六保”是党中央在对我国面临的国际形势进行综合分析的基础上提出的稳定经济增长，推动经济高质量发展的重要方针与政策。本部分对“六稳”“六保”政策的内涵、建设重点、战略意义、落地方案做了全面分析，帮助读者对国家的经济政策产生进一步了解。

本书结构完整、内容丰富、语言通俗易懂，紧跟国家政策与经济发展形势，具有极强的可读性，非常适合经济领域的专家、学者、企业家、创业者、管理者、大学教师、学生以及对我国经济发展形势和国家未来的经济发展政策感兴趣的读者阅读。

Contents | 目录

第一部分　双循环新发展格局

第二部分　以国内大循环为主体

第三部分 国内国际双循环相互促进

第四部分　提高产业链、供应链稳定性

第五部分　做好“六稳”，落实“六保”

第一部分

双循环新发展格局

第1章

双循环：读懂中国经济的演进逻辑

何谓双循环新发展格局

2020年7月30日，习近平总书记主持召开了中共中央政治局会议，对当前我国面临的经济形势做了整体分析，并指出“当前经济形势仍然复杂严峻，不稳定性、不确定性较大，我们遇到的很多问题是中长期的，必须从持久战的角度加以认识，加快形成以国内大循环为主体、国内国际双循环相互促进的新发展格局”。由此，双循环新发展格局正式进入人们的视野，成为我国为应对复杂的经济形势变化，推动我国经济健康、稳定发展做出的一项重大战略部署。关于“双循环”政策的会议与相关表述如表1–1所示。

表 1-1 关于"双循环"政策的会议与相关表述

时间	会议	表述
2020年5月14日	中共中央政治局常委会会议	要深化供给侧结构性改革，充分发挥我国超大规模市场优势和内需潜力，构建国内国际双循环相互促进的新发展格局
2020年5月23日	全国政协十三届三次会议	面向未来，我们要把满足国内需求作为发展的出发点和落脚点，加快构建完整的内需体系，着力打通生产、分配、流通、消费各个环节，逐步形成以国内大循环为主体、国内国际双循环相互促进的新发展格局，培育新形势下我国参与国际合作和竞争新优势
2020年6月18日	第十二届陆家嘴论坛	我们仍面临经济下行的较大压力，但形势正逐步向好的方向转变，一个以国内循环为主、国内国际互促的双循环发展的新格局正在形成
2020年7月21日	企业家座谈会	我们必须集中力量办好自己的事，充分发挥国内超大规模市场优势，逐步形成以国内大循环为主体、国内国际双循环相互促进的新发展格局
2020年7月30日	中共中央政治局会议	当前经济形势仍然复杂严峻，不稳定性、不确定性较大，我们遇到的很多问题是中长期的，必须从持久战的角度加以认识，加快形成以国内大循环为主体、国内国际双循环相互促进的新发展格局

一、何谓双循环新格局

早在2020年7月21日召开的企业家座谈会上，习近平总书记就从多个方面对双循环新发展格局进行了阐述。习近平总书记强调："在当前保护主义上升、世界经济低迷、全球市场萎缩的外部环境下，我们必须集中力量办好自己的事，充分发挥国内超大规模市场优势，逐步形成以国内大循环为主体、国内国际双循环相互促进的新发展格局，提升产业链、供应链现代化水平，大力推动科技创新，加快关键核心技术攻关，打造未来发展新优势。以国内大循环为主体，绝不是关起门来封闭运行，而是通过发挥内需潜力，使国内市场和国际市场更好联通，更好利用国际国内两个市场、两种资源，实现更加强劲可持续的发展。从长远看，经济全球化仍是历史潮流，各国分工合作、互利共赢是长期趋势。我们要站在历史正确的一边，坚持深化改革、扩大开放，加强科技领域开放合作，推动建设开放型世界经济，推动构建人类命运共同体。”

其实，我国发展国际国内双循环经济已经具备了一定的基础。20世纪80年代，为了加速改革开放进程，推动国内经济快速发展，在邓小平同志的带领下，我国制定了“国际经济大循环”战略。在该战略的指导下，东南沿海地区依靠“双头在外”的发展模式大力发展出口加工产业，成功进入国际市场，对我国工业化进程的加速与产业体系的完善产生了积极的推动作用。目前，我国已经成为对世界经济具有明显外溢效应的大国经济体，单纯的国际经济循环已经无法支持国民经济实现可持续发展。在此形势下，党中央在“国际经济大循环”的基础上提出了双循环经济战略，为我国未来几年的经济发展指明了方向。

二、双循环的内在逻辑

根据习近平总书记的论述可知，双循环指的就是以国内大循环为主体、国内国际双循环相互促进的新发展格局，强调充分释放我国的内需潜力，通过构建国内循环保证我国经济稳定增长。

• **在“国内循环”方面，**中国要打造一个系统、完整的内需体系，从各个节点进行创新，大力发展数字经济，协调供需矛盾，维持供需平衡，改善分配格局，降低个人税负，探寻新的经济增长点，构建一个高标准的市场体系。

• **在“国际循环”方面，**中国要构建一个国际化的产业链、供应链，借“一带一路”创建一个合作创新的网络，推动关税水平稳步下降，以积极开放的姿态参与国际经贸规则的谈判与制定，进一步打开国门，推动改革开放向着更高、更深、更广的方向发展。

在全球化形势下，随着改革开放不断推进，我国整体经济实力乃至综合国力有了大幅提升，连续多年成为世界第一大货物贸易国，在全球价值链中的地位不断攀升。在加入世界贸易组织（World Trade Organization，WTO）之后，我国企业大力发展进出口贸易，用外需弥补内需的不足，带动就业，拉动经济快速发展，完成了工农业初级产品加工业—劳动密集型加工业—资本密集型加工业的升级，为国民经济的稳定发展积累了可观的资本。

现阶段，全球正处于百年未有之大变局，随着新冠肺炎疫情暴发并在全球范围内快速蔓延，再加上中美贸易摩擦，WTO面临前所未有之危机，导致国际形势愈加严峻，变数越来越多，迫使第三次全球化浪潮进入深度调整阶段。

在这种国际形势下，我国经济想要实现稳定、高质量发展的总目标，需要更强大的内在动力的支持。而且，长久以来我国经济发展所依托的要素成本优势逐渐消失。面对这种局面，党中央审时度势，推出了双循环新发展格局的构建。我国人口数量排名世界第一，内需潜力巨大，因此，构建国内经济循环非常重要，而且在未来的经济发展中，国内大循环有可能成为中坚力量，维持经济稳定增长。

国际经济大循环与“沿海发展战略”

从1978年到2020年，改革开放已经历经40余年。在这40多年间，在经济全球化背景下，我国对外开放程度不断加深，对国外市场的开拓取得了重大成果，但同时也暴露出一些问题，如国内市场建设不足、国内经济结构不合理等。在此形势下，想要让国内市场与国际市场完成对接，必须加快国内经济结构改革，打通国内大循环。

这样一来，国际循环与国内循环就构成了双循环。想要全面、深刻地做出理解，就要对改革开放以来国际形势与国内形势的变化以及国内经济政策的演进进行全面考虑。

一、国际大循环构想下的“沿海发展战略”

“国际大循环”的构想起源于一份文件。1987年10月，国家计委经济研究所副研究员王建提交了一份名为《关于国际大循环经济发展战略的构想》的文件，提出要“大力发展劳动密集型产品的出口，在国际市场换回外汇，为重工业发展取得所需资金与技术，再用重工业发展后所积累的资金支援农业，从而通过国际市场的转换机制，沟通农业与重工业的循环关系”。

这一设想引起了中央的高度重视，在“国际大循环”构想的基础上，“沿海发展战略”快速问世。1988年2月6日，中共中央政治局会议召开，经过讨论决定实施中国地区发展战略。在同年3月召开的中共十三届二中全会上，关于实施沿海发展战略的相关问题成为讨论的焦点。会议结束后，中央围绕“沿海发展战略”的实施出台了一系列政策，明确了“沿海发展战略”实施的三大任务：

• 利用我国沿海地区劳动力资源丰富、素质较高、费用较低的优势，发展劳动密集型产业，以及劳动密集型与知识密集型相结合产业，扩大这类产品的出口。

• 实行“两头在外，大进大出”。“两头在外”指的是要将原材料来源和产品销售放入国际市场；“大进大出”指的是要将国内的经济循环扩展到国外，形成国际循环。

• 吸引外商直接投资，发展“三资企业”，与外商形成利益共同体，利用外商的资金、技术、管理经验、销售网络带动国内经济以及国内企业发展。

在“沿海发展战略”的指导下，尤其是1992年邓小平南方谈话后，中国对外开放度进一步加大，中国经济融入世界经济的速度进一步加快。在各种利好政策的吸引下，欧美、日本等国家的资本、产能陆续进入中国。据统计，1992—2011年，中国累计利用外资1.14万亿美元，是全球外资最重要的投资地。与此同时，中国的出口额迅速攀升，从全球第12大出口国成为全球第1大出口国。

伴随着中国企业从全球生产网络的边缘逐渐进入中心，中国经济也从全球价值链、国际规则体系、全球金融市场等多个维度深度融入全球经济体系。这些成就标志着国际大循环构想下的“沿海发展战略”取得了重大成功。以2011年11月国务院颁发的《河北沿海地区发展规划》为标志，中国“沿海发展战略”及相关政策形成了一个比较完整的体系。

二、国际经济大循环战略的弊端

随着对外开放度不断加大、国际大循环建设持续推进，“两头在外，大进大出”，出口与投资双驱动的发展模式逐渐显现出一些弊端：首先，经济发展对投资、出口的依赖程度过高，不得不面临严重的国际收支失衡问题，所承受的外部压力也越来越大。其次，在国内，收入分配的地区差异不断加大，产业升级进入瓶颈，生态环境日渐恶化等。最后，中国进出口贸易依存度最高达到了64%，可见在我国经济发展中，国际大循环完全处于主导地位，经济发展的外向型特征非常明显。这种经济结构在大国经济体中非常罕见。

为了应对这些问题，保证国内经济平稳健康可持续发展，2006年初国务院发布“十一五”规划，明确提出要“立足扩大国内需求推动发展，把扩大国内需求特别是消费需求作为基本立足点，促使经济增长由主要依靠投资和出口拉动向消费与投资、内需与外需协调拉动转变”。2011年初的“十二五”规划延续了“十一五”规划的核心理念，提出要“构建扩大内需长效机制，促进经济增长向依靠消费、投资、出口协调拉动转变”。至此，我国经济发展重心开始转移，逐渐从侧重国际循环转向国内循环与国外循环协调发展。

进入“十二五”之后，我国经济发展的一个显著特征就是进入新常态。2014年召开的中央经济工作会议对经济新常态进行了全面研究，明确了经济新常态的九大特征，其中有两大特征对国际大循环构想起到警示作用。

（1）在生产要素方面，我国人口老龄化现象不断加剧，农业富裕人口持续减少，要素规模驱动力不断减弱。在拉动经济增长的各个要素中，人力资本的质量和技术进步逐渐占据了主导地位。

（2）在出口与国际收支方面，全球经济发展形势不佳，需求减少，但中国出口行业、企业依然存在竞争优势，经济发展呈现“高水平引进来、大规模走出去”同步发生的特点。

新常态的这两大特征给国际大循环构想下的“沿海发展战略”带来了新的挑战：

• 首先，人口老龄化、青壮年劳动力减少，意味着“沿海发展战略”赖以生存的劳动力优势逐渐减弱，无法再凭借劳动密集型产业吸引外资、获取国际竞争优势。

• 其次，全球经济低迷，增长停滞，我国出口规模不断扩大依赖的是质量、价格等方面的优势，并非在全球市场中所占份额的扩大。2015年，中国出口规模在全球市场中所占份额达到了顶峰，此后一直保持在一个比较稳定的水平。

虽然在这个阶段，我国经济仍以国际大循环为主，但在“高水平引进来、大规模走出去”同步发生的形势下，中国经济想要实现更好的发展，必须使国际大循环的推进顺应这一形势，调整发展战略：一方面通过直接投资引进国外的资本与技术，另一方面借“一带一路”等对外直接输出资本，广泛建立对外经贸联系。

供给侧改革：畅通国民经济循环

为了调整经济结构，使各个要素实现优化配置，提升经济增长的质量与数量，2015年底召开的中央经济工作会议提出要进行供给侧结构性改革。2016—2017年，供给侧结构性改革的重点是去产能，提前完成大部分目标。2018年，去产能预设目标全部完成。从2017年底、2018

年初开始，供给侧结构性改革的重心发生了一定的转移，从去产能转变为去杠杆、防风险。2019年底，该项工作取得了重大进展。

在这个过程中，供给侧结构性改革与扩大总需求政策出现了一定的矛盾，对于如何平衡两者之间的关系，不同的人提出了不同的观点：有人认为应该保证政策定力，集中全力推进供给侧结构性改革，保证各项政策能够真正落地，发挥出实际的效用，避免大水漫灌；有人认为供给侧结构性改革与扩大总需求不是对立关系，二者可以相互协调、互相促进。2016—2017年，随着外需发展形势渐好，扩大总需求变得不再那么紧迫，在这种情况下，前一种观点逐渐占据上风，对相关政策的出台产生了较大影响。

2018年后半年，我国的经济形势发生了较大改变，集中体现在两个方面：第一，供给侧结构性改革在去产能、去杠杆两大领域取得了重要进展，但又出现了一个新问题，即经济与金融领域的短板、梗阻问题。第二，近几年，投资增速、外部需求增速都有明显下降，再加上中美贸易摩擦愈演愈烈，导致扩大总需求的紧迫性不断提升。为了应对这两大变化，国家对经济政策做出了一定的调整，2018年召开的中央经济工作会议明确提出要“畅通国民经济循环”“促进形成强大国内市场”。

“畅通国民经济循环”提倡立足于供给补短板、供求衔接，集中全力做好“巩固、增强、提升、畅通”。其中，“巩固”指的是巩固供给侧结构性改革取得的现有成果，肯定了供给侧结构性改革的阶段性胜利，但也指出供给侧结构性改革在降成本、补短板方面存在一系列问题。“畅通”强调“打通国民经济循环，加快建设统一开放、竞争有序的现代市场体系，提高金融体系服务实体经济能力，形成国内市场和生产主体、经济增长和就业扩大、金融和实体经济良性循环”。由此可见，“畅通国民经济循环”的重点在国内经济方面。

“促进形成强大国内市场”的最终目的在于扩大总需求，强调要进一步增强消费能力，发挥投资的关键作用。

2019年3月发布的政府工作报告再次强调要“畅通国民经济循环”“促进形成强大国内市场”，并围绕“促进形成强大国内市场”给出了多项建议，例如“持续释放内需潜力”“推动消费稳定增长”“合理扩大有效投资”等。

自此之后，在供给侧结构性改革中，去杠杆不再是主要任务，补短板、强弱项开始占据主导地位，这一点在2019年12月召开的中央经济工作会议的相关内容中表现得非常明显。会议内容从补短板入手，提倡从民生、基建、产业升级三大领域做好补短板工作，将“释放国内市场需求潜力”与补短板衔接，“畅通国民经济循环”。

上述政策的演进是顺应经济发展形势的必然结果。2018年后期到2019年，外部经济形势动荡，“强大国内市场”这一政策从需求端对供给侧结构性改革起到了一定的平衡作用。与此同时，供给侧结构性改革内容发生调整，从去产能、去杠杆演变为“巩固、增强、提升、畅通”，兼顾供给与需求，实现“畅通国民经济循环”的最终目标。

双循环新发展格局的确立

在2020年之前，无论是“畅通国民经济循环”还是“强大国内市场”，其最终目的都是要解决中国经济发展过程中遇到的周期性、结构性、体制性问题。但受新冠肺炎疫情的影响，再加上中美矛盾持续升级，“畅通国民经济循环”策略发生了重大调整。

一、疫情肆虐、中美摩擦与双循环发展新格局

2020年1月，新冠肺炎疫情暴发，感染人数成倍增长，防控形势极其严峻。2020年2月下旬，中央政治局会议在北京召开，会议围绕“部署疫情防控”“统筹推动复工复产”两大主题进行了全面讨论。此次会议提出“畅通经济社会循环”策略，在人流、物流、资金流深受疫情影响的形势下，该策略的提出完全超出了供给侧结构性改革的范畴，成为一项极其重要的紧急任务。

自2020年3月开始，新冠肺炎疫情在全球暴发，国际经济、政治形势动荡不安。在此形势下，我国供给侧结构性改革中的补短板逐渐从民生、基建、产业三大领域向产业链安全方向延伸。从整体来看，新冠肺炎疫情与中美关系主要从以下三个方面对“畅通国民经济循环”产生影响。

• 受疫情影响，全球经济进入衰退期，国际贸易总额与投资总额大幅减少，国际金融市场动荡不安，国家与国家之间的正常往来受到极大的制约。据医疗专家预测，新冠肺炎疫情将持续2～3年，上述经济、政治形势也或将持续一段时间。

• 近年来，一些国家推行贸易保护主义、单边主义，导致地缘政治风险不断上升，中国所面临的政治、经济形势更加严峻，不得不在各种不确定性中谋求发展。

• 虽然现阶段，中国经济发展面临着巨大的压力，但国内基本盘总体稳定，具体表现在以下几个方面：经济发展拥有巨大的潜力，韧性强，回旋空间大，拥有良好的政策环境等。

综上可知，2020年之前，我国经济发展面临的挑战主要来自体制性、结构性、周期性问题。但从2020年开始，在这三大问题的基础上，我国经济发展还要应对疫情冲击以及动荡不安的国际局势。这些都揭示了我国经济发展面临的“变”与“不变”，其中“变”指的是外部经济形势的变化，“不变”指的是国内基本盘保持稳定。在“变”与“不变”之间，“畅通国民经济循环”就有了落脚点，在国内空间与国际空间、国内重心与国际重心方面有了非常明显的区分。

2020年7月21日，企业家座谈会在北京召开，习近平总书记重点阐述了以下三大内容：第一，“中国开放的大门不会关闭，只会越开越大。以国内大循环为主体，绝不是关起门来封闭运行”。第二，“国内循环为主，是通过发挥内需潜力，使国内市场和国际市场更好联通，更好利用国际国内两个市场、两种资源，实现更加强劲可持续的发展”。第三，“从长远看，经济全球化仍是历史潮流，我们要站在历史正确的一边，坚持深化改革、扩大开放，加强科技领域开放合作，推动建设开放型世界经济”。这次会议上强调的“集中力量办好自己的事”，也可以视为对“内循环为主”的另一种形式的概括。

在2020年7月30日召开的中央政治局会议上，双循环新发展格局政策再次被提上案头。至此，“畅通国民经济循环”在空间层面逐渐发展为“双循环”，在时间层面演变为一个中长期的规划。这就表明，未来很长一段时间，尤其是“十四五”期间，我国经济发展都将以“双循环”为总体指导思路。借鉴国际大循环成功推动沿海地区发展的案例，“以国内大循环为主体的双循环格局”将对我国经济发展的空间布局产生巨大影响。

二、以国内大循环为主体的双循环强调对外开放主动性

虽然疫情与中美关系的恶化给我国经济发展造成了一定的制约，但2020年5月以来，我国对外开放的节奏与步伐仍在加快。

2020年5月15日，中国人民银行、中国银行保险监督管理委员会、中国证券监督管理委员会、国家外汇管理局发布《关于金融支持粤港澳大湾区建设的意见》，按照4大原则从5大方面提出26条举措，进一步推进金融开放创新，加大金融对粤港澳大湾区建设的支持力度。

5月18日，中共中央、国务院发布的《关于新时代加快完善社会主义市场经济体制的意见》也专门指出，“实行更加积极主动的开放战略，全面对接国际高标准市场规则体系，实施更大范围、更宽领域、更深层次的全面开放”，并在“一带一路”、自贸试验区和自贸港、高水平开放政策保障机制、参与全球治理体系变革四个方面进行了具体的阐述。与此同时，中国也在积极推动中欧双边投资协定谈判，推进RCEP协定的正式签署。

6月1日，中共中央、国务院印发了《海南自由贸易港建设总体方案》，外商投资准入负面清单进一步缩减。此外，2020年已经或还将分步取消期货、基金、证券公司的外资股比限制。

与此同时，我国面临的外部环境的不稳定性、不确定性也与日俱增，主要表现在以下三个方面：第一，从供给端看，我国国外供应链的稳定性越来越差；第二，从需求端看，贸易保护主义盛行；第三，全球经济衰退形势愈加明显。受这些因素的影响，中国的“国际经济循环”受到了一定的冲击，对外开放想要取得较好的成果变得日渐艰难，甚至导致中国在对外开放过程中陷入了被动局面。

从国内看，新冠肺炎疫情对我国经济的影响是短暂的，随着复工复产进程稳步推进，国内经济的基本盘没有动摇，经济发展空间仍然比较大，国内经济政策仍然大有可为。与此同时，国内经济发展的结构性问题也愈加突出，需要“着力打通生产、分配、流通、消费各个环节”，“促进效率和公平有机统一”。其中，效率面向的是生产环节，在注重效率的同时也要关注发展质量，实现高质量发展；公平面向的是分配环节，强调公平分配，打通生产与消费环节。

总而言之，“以国内大循环为主体”将成为下一个阶段经济发展秉持的基本政策，它意味着要积极推进国内改革，构建内部经济循环。面对不确定的国际环境，我国必须发挥国内超大规模市场的优势，畅通国内经济循环，挖掘国内市场的消费潜力，借14亿人之力推动国民经济稳定、持续发展，培育中国参与国际合作和竞争的新优势，增强中国经济发展的韧性，提高在对外开放过程中的主动性，进而形成双循环新发展格局。

到2020年，我国改革开放已经历经42年。在相关政策的激励下，我国大力开拓国际市场，在一定程度上忽略了国内建设。在经济全球化遭遇逆流的形势下，我国有了更多时间与精力反思国内经济发展的结构性问题，倒逼国内供给侧结构性改革。事实上，在过去几十年，受国内体制与机制的影响，我国的改革开放也遇到了很多困难与障碍。在目前的经济形势下，我国只有深化供给侧结构性改革，打通国内经济大循环，将国内市场与国际市场对接，才能对国内、国际两大市场、两类资源进行优化利用，推动经济稳定发展。

第2章

行稳致远：双循环的战略深意

全球化重构时代的中国选择

目前，国内外经济形势剧变，为了应对危机、稳定发展，党中央明确了发展双循环经济的重大战略，这一战略的推行意味着我国将对发展战略进行重大调整。那么，我国为什么要构建双循环新发展格局？这种战略调整有什么意义呢？

一、双循环是新经济形势下的重大战略安排

过去几年，由于贸易保护主义有所抬头，逆全球化倾向初步显现，全球暴发的新冠肺炎疫情加剧了这种形势，全球产业链、供应链有所松

动，甚至有可能出现一定程度的撕裂或脱钩。在此形势下，我国要将目光转向国内，以满足内需作为稳定经济发展的出发点与落脚点，以扩大内需作为促进经济增长的重要途径。

二、积极参与世界经济大循环

随着经济全球化不断推进，世界各国都处在全球生产网络中，自给自足的时代早已结束，任何一个国家都很难仅凭本国的资源制造出满足本国居民需求的所有产品。在各种要素全球流通的时代，产业链、供应链在国际市场上的配置是一个自然选择的过程，是顺应全球经济发展规律的必然结果。

中国的发展也是如此，改革开放40多年来，中国经济取得了巨大成就，这些成就是由我国紧抓经济全球化带来的各种发展机遇取得的。未来，中国经济要实现稳定、持续、高质量发展，也离不开开放的市场与环境。在这种情况下，我国经济发展必须立足于国内大循环，实现国内国际双循环相互促进。

三、注重利用自己的内需优势

在我国过去几十年的发展中，国际市场发挥了非常重要的作用，但随着国际、国内市场形势不断变化，我国要逐渐将目光转向国内市场，利用内需优势，建立独立的国内经济循环体系。在推动经济发展方面，我国国内市场有两大优势，一是市场规模巨大，拥有一个14亿人口的大规模消费市场；二是工业体系的规模最大、最完整。目前，14亿消费者产生的巨大的消费需求已经成为推动我国经济发展的第一动力。虽然新冠肺炎疫情给我国经济造成了一定的冲击，但也催生出很多新的消费模式，例如直播电商、直播带货等，并由此产生了很多新业态，对国内经济的发展起到了积极的促进作用。

四、参与国际经济循环，统筹国内国际经济循环

打造国内循环与国际循环，使这两个循环相互促进，共同作用于经济发展是大国独有的经济优势。根据本地市场效应（Home Market Effect）可知，在一个存在报酬递增和贸易成本的世界中，那些拥有相对较大国内市场需求的国家将成为净出口国。这就表示，如果一个国家国内市场需求较大，可以形成国内大循环，而且在国内大循环的支持下，国内企业可以参与国际经济大循环，那么国内经济循环就可以与国际经济循环形成功能互补，国内市场需求较小的国家则很难做到这一点。

从日本、美国、英国等世界主要工业大国的发展历程来看，都是以国内市场的培育为先，然后立足于国内市场向国际市场扩张，遵循的是“先内后外、内外并举”的发展路径。在这方面，中国表现出了显著差异。自改革开放以来，中国就非常注重对国际市场的开发与扩张，大力发展外向型经济，强调利用国际市场与资源，忽略了对国内市场的开发与培育，在一定程度上限制了大国经济优势的发挥。

虽然在经济发展初期，凭借“两头在外，大进大出”的出口导向型战略，我国经济实现了迅猛发展。但该战略之所以能够推行，是以某些内部条件为基础的。一旦这些条件发生巨大变革，出口导向型战略就会显露出一些负面效应。

过去，我国经济发展处在数量增长阶段；目前，我国经济发展已经进入质量增长阶段。随着土地、劳动力等生产要素的价格不断上涨，我国发展劳动密集型产业的优势逐渐消失。想要进一步提高对外开放水平，利用国内需求吸引国际要素，必须摒弃原有的经济发展模式。在此形势下，构建双循环新发展格局的意义重大。我国要在一定程度上降低对国际大循环的关注度，将目光转向国内，充分发挥我国国内市场规模及需求优势，立足于国内市场效应，实现国内经济循环与国际经济循环的有机结合，创建一个国内国际经济循环相互促进、相互影响的新格局。

五、优化稳定国内产业链，扩大有效投资，促进经济发展

根据联合国的产业分类，我国是世界上唯一一个工业门类齐全的国家。目前，在新的经济形势下，我国一方面要继续巩固在全球供应链中的地位；另一方面要积极培养、引进创新人才，提高创新能力，成为全球创新与创造中心。

根据传统的国际贸易理论，如果土地、人工等生产要素成本不断上涨，为了降低生产成本，可以将附加值比较低的制造业转移出去。但在

我国，出于经济安全考虑，这种方法并不可行。因为工业门类齐全、产业链丰富是我国的一大优势，因此，我国在鼓励企业“走出去”的同时，要注意维护这种优势，加强自主创新，补足产业链短板。东部沿海地区的生产要素成本提高，可以将一些低端产业向中西部转移，切实维护我国产业链、供应链的安全。

在新冠肺炎疫情的影响下，外部需求萎缩，迫使我国必须积极扩大内需，加大投资力度，构建供需内循环。与此同时，为了避免出现新一轮的产能过剩，要注意转变投资方式与投资领域。另外，通过扩大内部投资，可以进一步扩大我国生产性服务业在全球的服务范围，提高服务能力，形成“生产性服务业—投资贸易”循环。

总而言之，在国际政治、经济形势动荡不安的当下，构建双循环经济发展格局，是维护经济安全、增强经济发展韧性的重要举措。在国内循环、国际循环的交互影响下，我国经济将实现稳定、可持续发展，而且可以对世界经济发展产生极大的促进作用。

双循环的制度逻辑与战略抉择

双循环就是要构建两个循环系统。循环系统本是医学领域的一个概念，一般指负责血液循环的心血管系统。这个系统由三大部分组成，分别是心脏、血管和血液，其中心脏提供动力，血管发挥通路功能，血液是输送的对象。将这个循环系统对应到"双循环"来看，"心脏"就是驱动生产要素流动的各种变革，包括制度变革、技术变革等；"血管"就是负责连接生产、分配、流通、消费等环节的基础设施；"血液"就是各种生产要素，包括人、资金、技术、数据、知识等。

一、双循环的制度逻辑

美国经济学家、诺贝尔经济学奖获得者道格拉斯·诺斯（Douglass C.North）提出一个著名的"制度变迁理论"，认为"制度为交易提供结构，它（与技术一起）决定了交易费用和生产成本"。在这里需要解释两个概念，一是交易费用，二是生产成本。

- 交易费用泛指所有为促成交易发生而形成的成本，内涵非常丰富，既包括可衡量的成本，也包括信息获取等衡量起来比较困难的成本，甚至包括因为监管不力或实施不完全而造成的各项损失。
- 生产成本指的是企业为生产产品而发生的成本，包括生产要素的成本以及将生产要素加工为产品的成本。

按照诺斯的这一观点，双循环制度至少应该包含三大内容：

（1）"双循环"制度仍然要将数字经济、智能制造、生命健康、新材料等战略性新兴产业作为发展重点，加大扶持力度，从根本上推动技术变革，切实提升循环效率。

（2）全面深化改革，持续健全制度基础设施，以制度或政策推动生产要素流动，鼓励技术创新，保证生产过程的连续性，提高信息传递速度与效率，降低信息传递成本等。随着制度体系逐渐完善，下一步就是做好执行工作，使制度监管与实施效率得以进一步提升，使制度执行成本持续下降。

（3）需要注意的是，制度与技术存在明显的国界，这一特征在一些国家贸易保护主义盛行、地缘政治风险上升的形势下表现得愈加明显。在此基础上，"双循环"制度设计的第三个要点就是搭建降低跨国交易成本的制度框架，使国内的市场规则与标准同国际市场规则与标准实现全方位对接，在这方面可以借鉴"一带一路"的框架。

二、"中国优势"助推双循环实现

中国之所以可以构建双循环，主要受益于独有的市场优势、制度优势和技术体制优势，具体分析如下。

（1）超大规模市场持续提供拉力。国家统计局公布的数据显示，中国目前有14亿人口，其中中等收入群体超过了4亿人，形成了一个超大规模的内需市场。在过去40多年的发展历程中，这个市场一方面吸引了大量外资、外企，促进中国经济实现了高速发展，另一方面为国内企业的发展壮大提供了强有力的支撑。未来，这个规模庞大的内需市场依然会发挥作用，保障我国经济稳定增长。

（2）中国独特的制度优势持续提供动力。中国特色社会主义制度存在很多优势，如在双循环制度建设方面有两个非常重要的优势：一是可以对多种制度工具进行整合，集中力量办大事；二是可以快速进行制度创新，在极短的时间内适应新的情境。在这两大优势的作用下，我国可以快速建立起双循环蓝图下的制度体系，并对该体系进行持续优化。

（3）技术体制优势提供基础。改革开放至今，中国在快速发展的过程中积累了丰富的知识与经验，形成了世界上最完备的工业体系，拥有一支规模庞大的人才队伍，这些都为技术变革奠定了强有力的基础。

三、双循环下中国企业的战略选择

“制度不仅是组织运行的游戏规则，组织反过来通过集体行动亦能行塑制度”，根据这一逻辑，中国企业在双循环制度下的战略选择要注意四大事项：

第一，对中国经济持续增长保持信心。现阶段，“衰退”成为世界经济的主旋律。在此形势下，我国企业要对我国市场、制度、技术体制保持信心，相信在双循环新发展格局下，我国经济能够克服重重困难，保持长期向好的发展趋势。

第二，在创新领域持续加大投入，推动技术变革。从国家顶层规划来看，未来，我国将以全球制造中心和供应链中心为基础，向全球创新中心迈进。为了形成双循环新发展格局，国家会面向技术变革出台很多政策。企业可以利用政策优势，在创新领域加大投入，与其他高科技企业、高校、科研机构合作开展技术攻坚，寻求技术突破，以保持在全球市场上的竞争优势。

尤其是新一轮科技革命在全球蔓延的形势下，中国企业要紧抓机遇提升技术实力，实现追赶反超。同时，企业要利用好中国在市场、制度、技术体制等方面的独特优势，在人工智能、区块链、云计算、大数据等数字技术领域取得重大突破。随着我国在新兴技术领域的研究成果越来越多，我国企业不仅可以在国际市场上掌握更多话语权，而且双循环的效率也可以实现大幅提升。

第三，积极参与“国内大循环”系统建设。由于国内超大规模的市场潜藏着很多机会，中国企业不仅应在这些市场中寻找机会，而且应在基础设施建设中寻找机会，例如经济快速发展，公共卫生、养老健康等方面暴发出巨大的需求，潜藏着很多商机；为了保证生产要素可以自由流动，软硬件领域将暴发出巨大的需求，为企业提供更多机会。对于企业来说，从这些需求中寻找机会，不仅可以获得更大的发展空间，而且可以在政府的支持下降低交易成本。

第四，积极参与“国际大循环”系统建设。首先，以“双循环”蓝图下的各项制度为依托，改变“以出口为导向”的发展模式，与“一带一路”对接，积极参与沿线国家和地区（尤其是跨国交易成本较低的国家和地区）的基础设施建设。其次，企业要以中国独有的市场优势、制度优势和技术体制优势为依托，充分发挥我国内需市场规模大的优势，加大创新力度，持续提升创新能力，形成独特的竞争优势，不断提升在全球市场分工中的地位。进一步说就是，企业要以我国最完整的工业体系和丰富的专业人才为依托，在各个细分领域做到最好，逐渐掌握国际产业链的话语权。

总而言之，双循环的制度框架为中国经济发展指明了方向，帮助中国企业找到了一条高质量的发展路径，同时，企业有组织、有规划的集体行动也可以让双循环的制度框架更加完善。

国内循环：实现经济高质量发展

经济发展的最终目标就是要满足居民不断增长的需求，这里涉及两个问题，一是需求潜力，二是供给能力。需求满足水平、供给能力都可以通过人均GDP指标反映出来。根据发改委公布的数据，2019年，中国人均GDP首次超过1万美元，逐渐展现出较大的需求潜力，供给能力也在不断提升。根据国家顶层规划，未来，我国要进一步满足居民不断升级、日益丰富的“衣食住行康乐”等方面的需求，提高居民的平均生活水平。

在改革开放初期，我国的经济发展水平、居民的需求水平、企业的供给能力都相对较低，只能凭借劳动力成本较低的优势吸引外资、外企，拉动经济增长。但现阶段，从需求潜力来看，中国的消费市场规模在世界排名前列。随着市场规模稳定增长，中国或将成为全球规模最大的消费市场，市场规模可能达到空前的水平。对于中国经济发展来说，如何挖掘这个规模庞大的市场，让其暴发出前所未有的活力是接下来的关键问题。

一、为什么要提升优化国内经济循环体系

一方面，自改革开放以来，中国努力融入国际市场，利用生产要素、劳动力等资源优势吸引外资、开采资源、建设工厂，在经济高速发展的同时也造成了严重的环境污染，导致环境资源的承载能力逼近极限。与此同时，人们对清洁空气、干净水源、安全食品的需求愈加迫切，企业也亟须一个良好的营商环境来保障自己的合法权益，实现健康稳定的发展。

另一方面，经过40多年的发展，国民经济发展水平、居民人均收入水平有了大幅提升。随着消费不断升级，居民的消费需求开始释放，逐渐形成了一个超大规模的消费市场。此外，以全世界工业门类最齐全的工业体系为依托，我国制造业发展水平不断提升，一些高科技产业以及企业在全球占据了领先地位。这些成就均为国内经济循环体系的优化提升奠定了良好的基础。

具体来看，国内大循环提升与优化的途径有两条：第一，在消费端，我国企业要从商业流通、零售、批发、物流、产品制造等环节切入，大力提升商品质量，满足消费者对商品质量以及服务体验的要求。第二，在供给端，我国要继续深化供给侧结构性改革，消除抑制

生产率提高的制度性因素，努力提升企业的技术水平，畅通经济运行的各个环节，打通整个供应链、产业链，提高供应链、产业链的运行效率。

二、国内大循环为政策制定提供了转圜空间

新冠肺炎疫情在全球的暴发引发了一场严重的全球性公共卫生危机，给全球供应链的正常运行造成了严重不良影响，对经济全球化造成了极大冲击。如果继续奉行以国际大循环为主的发展策略，随着外需萎缩，我国企业将陷入发展困境，经济发展也将随全球经济的衰退陷入低迷。而且，近年来，一些国家为了一己私利贸然发动贸易战，使用关税与制裁两大手段交替进行，导致逆全球化思维抬头，致使外部需求充满了不确定性。在此形势下，我国必须畅通国内大循环，以庞大的国内市场弥补外部需求的萎缩，做好应对各种危险的防御工作，稳定经济发展。

三、畅通国内经济大循环，要重视创新

“科学技术是第一生产力”，这句话永不过时。随着大数据、云计算和人工智能等新一轮信息通信技术迅猛发展，人们的生产、生活将发生巨大改变，供给端的效率将不断提高，人们日益增长的对美好生活的需求也将得到更好的满足。在新一轮技术变革中，我国一些高科技企业紧抓发展机遇，大幅提升自己的全球竞争力。

虽然近年来，我国技术创新取得了一系列喜人的成果，但必须意识到一点，就是我国信息技术的整体实力不强，尤其是在底层关键基础设施领域，操作系统、半导体、存储等核心关键设备严重依赖进口，如果遇到逆全球化的冲击，就会面临较高的风险。因此，畅通国内经济大循环必须高度重视创新，持续进行制度改革，创造更好的营商环境，制定更高效的公共服务制度，加强市场要素改革，破除经济发展阻碍，同时要真正实现“以消费者为中心”，持续推进供给侧结构性改革，推动商业性服务业更好的发展。

国际循环：推动新型经济全球化

过去，经济全球化大循环是劳动力富裕国家—资源型国家—资本型国家进行国际分工形成的大循环，可以概括为消费—投资—制造的大循环。随着时代发展以及新信息技术的助力，新阶段的经济全球化大循环要打破以往的国际分工模式，实现全球协作，共同应对全球化的挑战。

经过多年发展，这种新型国际大循环具备了一些新特征。国际大循环的驱动力发生了一定的改变。英美等发达国家的经济发展陷入停滞，再加上新冠肺炎疫情的巨大冲击，经济复苏变得异常艰难。在此形势下，中国经济的高速发展就显得异常耀眼，虽然中国经济发展也受到了疫情的冲击，但这种冲击是短暂的。随着疫情得到控制，复工复产稳步推进，中国经济逐渐走上正轨。再加上“一带一路”建设的稳步推进，基础设施输出与产能输出实现了密切结合，畅通消费品国际循环渠道成为一个新亮点。这样一来，国际大循环就从过去资本和消费引导、制造跟进、带动资源消费的传统模式转变为平衡发展。在经济全球化的新阶段，这种新模式成为主要驱动力。

虽然在外需衰退的情况下，中国经济可以依靠巨大的国内市场保持稳定发展的势头，但在经济全球化的背景下，中国很难再像过去一样实现自给自足。无论是中国庞大的内需市场，还是中国居民多元化、高层次的消费需求，都不能只依靠自身来满足。因此，双循环经济模式下，在注重畅通国内循环的同时，也要注意维护并优化国际循环，让国际循环为国内循环提供补充。

只有稳定国际循环，推行更高水平的对外开放，才能切实提高国内循环的活力、质量与效率。因为只有开放，才能让我国企业进入国际市场，在激烈的市场竞争中不断创新，保持创造力与竞争力，挖掘新动能。同时，只有进入国际市场，中国企业才能找到更好的合作伙伴，相互促进，共同发展，为内循环注入更多活力与竞争力。

过去不能“关起门来搞建设”，现在也不能“关起门来搞内循环”，否则“内循环”必将成为“死循环”。中国40多年的改革开放成果证明，对外开放、参与国际竞争是保持经济活力、促进产业创新、提高经济运行效率的关键。中国不害怕竞争，有些产业需要采取一些保护措施以保持竞争力，例如汽车产业，但对于很多新兴产业来说，一个公平、开放的竞争环境更有利于本土企业崛起。

国内大循环的发展水平越高，稳定性越好，对国际市场的吸引力就越大，也就越能提高我国在经济全球化中的地位，同时还可以提高中国企业融入全球经济的能力和水平，满足国际市场对产品和服务的高需求，为全球经济大循环注入新动能。

目前，虽然国际经济大循环遇到了一定的阻碍，但经济全球化依然是大势所趋。在此形势下，我国要秉持对外开放的基本国策不动摇，鼓励企业“走出去”，参与到国际经济大循环中去，参与国际分工与协作，与国际高标准对接，不断提升产品与服务的质量，提高生产效率。

在目前的国际形势下，国内大循环要将关注点放在提高经济发展效率方面，而国际大循环要逐渐适应形势，迈入经济全球化的新阶段。我国要以更好的姿态参与国际分工与协作，与其他国家一道应对人类社会面对的共同问题。只有形成“以国内循环为主体，国内循环、国际循环相互促进”的新发展格局，我国经济才能行稳致远，而要形成双循环格局，就要坚持创新发展，提高经济运行效率，推进制度改革，尽快形成新的全球化伦理。

第3章

大国担当：重塑全球价值链循环模式

立足内需：打通国内经济大循环

2002年5月23日，在全国政协十三届三次会议经济界委员联组会上，习近平总书记指出："面向未来，我们要把满足国内需求作为发展的出发点和落脚点，加快构建完整的内需体系，大力推进科技创新及其他各方面创新，加快推进数字经济、智能制造、生命健康、新材料等战略性新兴产业，形成更多新的增长点、增长极，着力打通生产、分配、流通、消费各个环节，逐步形成以国内大循环为主体、国内国际双循环相互促进的新发展格局，培育新形势下我国参与国际合作和竞争新优势。"

国内大循环的搭建与正常运转需要深化供给侧结构性改革，打通分配与流通交换两大环节，将生产与消费连接在一起，一方面要以国内强大的生产能力为依托满足庞大的内需；另一方面要通过庞大的内需市场促进产业转型，优化产业结构，提高我国经济发展质量。同时要对收入分配制度进行改革，发展社会生产力，激活市场活力；畅通并巩固流通体系，将生产端与消费端连接在一起，推动国内大循环实现健康有序的发展。

一、从生产来看，制造大国地位稳固，产业发展亟待转型

改革开放40多年来，我国已经基本上完成了工业化，拥有世界上最完整的工业化体系，无论是生产规模还是生产效率都有了大幅提升。2018年，我国工业增加值首次突破30万亿元大关，有数百种工业品的产量居世界首位。如果按照国际标准工业产品分类，我国有7类工业品占全球的比重位居第一，有15类工业品名列前三。

目前，我国正处于工业化后期，未来经济的发展重心要从工业转向服务业。一方面，企业要逐渐减少对资本密集型产业的投入，将技术与知识密集型产业作为投资重点，推动这些产业快速发展；另一方面，推动劳动密集型产业迭代升级，从以轻工业、制造业为主向以金融、研发、数字服务等现代服务业为主转变。

二、从分配来看，收入相对差距缓慢缩减，人均收入水平尚待提升

在我国，城乡居民收入差距大，东、中、西部地区区域收入差距

大，行业收入差距大的问题始终存在，并分别于2005年、2006年和2009年达到高峰，此后相关指数逐渐下降，收入差距逐渐减小。

2018年，我国整体人均收入水平达到世界平均水平的86.5%。在发展中国家，我国人均收入处于中高水平，比“一带一路”沿线国家和地区的平均收入水平高出3倍，正在向高收入水平迈进。但从全球来看，我国人均收入水平与发达国家还有很大差距，排名在第70多位，依然是世界上最大的发展中国家。

近年来，在以习近平同志为核心的党中央的领导下，我国脱贫攻坚取得了重大成绩，但距离实现共同富裕还有很长一段路要走。目前，在我国各等级的收入群体中，低收入人群占比依然很大，中等收入群体占比仍然较小，高收入群体占比更小。想要扩大内需市场，激发购买力，必须提高低收入群体的收入水平。

三、从流通体系来看，要素市场协同发力，数据联动产销两极

经过40多年的努力与实践，社会主义市场经济体制基本建立，主要表现在以下两个方面：第一，在商品市场，商品定价主体从政府转向了市场，目前，我国97%的商品实现了由市场定价。第二，生产要素市场的市场化程度虽然远不如商品市场，但与过去相比也有了大幅提升，未来要从土地、劳动力、资本、技术、数据等要素市场切入，继续加强改革。

随着现代技术不断发展，可以降低商品流通成本、提高流通效率的电商平台快速崛起，数字服务业也实现了快速发展，将生产端与消费端联系在一起。但目前，相较于生产端来说，数字经济与消费端的连接更加紧密。未来，需要进一步加强数字经济与生产端的连接，促使生产与消费建立有机联系。

四、从消费来看，内需稳步增强，市场潜力日益凸显

目前，我国经济发展对国内市场的依存度有了明显提升，对国际市场的依存度持续下降。据商务部公布的数据，2006年，我国外贸依存度是64.4%，2019年，外贸依存度已经下降到了31.9%。过去，我国内需、外需的比重为3:7，经过十多年的发展，该比重调整为7：3，而且内需所占比重仍在不断提升。随着对国际市场的依存度不断下降，国内市场已成为我国需求的主要来源。

我国拥有一个人口超14亿的超大规模市场，据国家统计局发布的数据,2019年全年，全国居民人均消费支出为21559元，同比增长8.6%，扣除价格因素，实际增长5.5%。如果放在国际市场上，在同等人均GDP水平下，中国居民个人消费支出规模是美国、日本、英国、法国、德国、意大利、韩国个人消费支出总和的1.5倍。未来，随着国内的主要矛盾不断转化，再加上对外开放水平不断提升，我国居民的消费潜力将进一步释放。

以“内循环”促进“双循环”

自从进入21世纪以来，我国就与全球经济体系密不可分。从国际循环的角度来看，中国在进入国际市场之后，先后形成了两大循环体系，一是与英美等发达国家形成的以产业分工、贸易、投资、资本间接流动为载体的循环体系，二是与亚非拉等新兴经济体形成的以贸易、直接投资等为载体的循环体系。

目前，在国际市场上，中国逐渐占据了枢纽地位。据统计，目前有188个经济体与我国直接建立了经济联系，逐渐形成了“8”字形全球价值循环模式。一方面，我国与发达国家对接，进口最终消费品，出口中间品；另一方面，我国与发展中国家对接，进口中间品，出口最终消费品。通过这种价值循环模式，我国与全球1/3~2/3的国家和地区建立了紧密的贸易关系。

一、不断扩大消费市场：让世界分享中国增长红利

在全球市场低迷的情况下，中国经济依然在保持稳定增长，而且消费市场在不断扩大。根据eMarket预测，2020年，中国将成为世界上最大的零售消费市场，市场规模可能达到5.072万亿美元；2024年，中国零售市场规模将达到6.123万亿美元。虽然受新冠肺炎疫情的冲击，2020年，我国零售消费市场的规模可能无法达到预期值，但超越美国，

成为世界第一大零售市场应该会如期发生。

不断扩大的消费市场不仅会让国内的企业获利，更会惠及全世界。据商务部发布的数据，2019年中国全年进出口总额共31.54万亿元，增长3.4%，出口、进口规模均创历史新高。截至2019年，中国已经连续11年成为全球第二大进口国。自2008年国际金融危机以来，中国贡献了全球进口增量的1/6，是全球经济复苏的助推器和稳定器。未来，在“双循环”格局下，中国市场对国际市场的推动作用将愈加明显。

二、产业链优化升级：促进全球产业链稳定

2017年，中国取代日本升级为全球三大供给中心之一，另外两国分别是美国和德国。随着产业链持续优化完善，中国的供给范围持续扩大，并不断地从周边国家向欧美等国延伸。从这个角度来看，通过参与全球产业分工，中国凭借不断完善的产业链为全球产业链的稳定发展提供了重要保障。这一点在新冠肺炎疫情下表现得非常明显。面对暴发的疫情，我国迅速组织口罩、防护服等医疗物资生产，满足了国内市场对这些物资的需求。随着疫情得到控制，复工复产逐步推进，我国的产能相继恢复。因此，即便因为疫情在全球暴发，导致外需市场萎缩，我国的出口规模依然可以保持稳定增长，进而促使全球产业链保持稳定。

但从长期看，在我国的出口门类中，加工贸易占比仍然较高，而且很多行业仍处在“两头在外”的极端。未来，随着我国高新技术产业不

断发展，我国高、中、低增加值的生产环节将变得更加完善，内、外两大循环将形成多个产业链闭环。届时，我国产业链抵抗风险、稳定全球供应链的能力将得以大幅提升。

三、新型城镇化：我国更持续的增长潜力

近年来，我国新型城镇化建设取得了显著成果。据国家统计局公布的数据，截至2019年底，中国户籍人口城镇化率为44.38%，常住人口城镇化率达到60.6%，中间16.22%的差值意味着还有2.27亿人没有做到真正意义上的落户。由此可以推断，目前我国的城市化进程仍处于中期，依然拥有广阔的发展空间。

随着城镇化不断推进，将有越来越多的人口流入城市，这些人口将产生更多消费需求，为经济发展贡献源源不断的动力。全国政协经济委员会副主任刘世锦预测："今后5~10年，都市圈和城市群加快发展是中国经济增长最大的结构性潜能，是中国经济增长的'新风口'。初步估算，今后10年，都市圈建设每年能够为全国经济增长提供至少0.5~1个百分点的增长动能。"无论这一预测能否成真，对于双循环新发展格局的形成来说，培育新的城市增长极，推动中国经济保持中高速增长都是一项重要任务。

总体来看，无论国际形势如何不稳，为了维护经济稳定与国家安全，我们都要坚定信心，加快形成"以国内大循环为主体、国内国际双循环相互促进"的新发展格局，深挖内需、扩大消费市场，以国内经济

的稳定增长带动全球经济稳定增长，发挥大国经济的独有优势，不断提升我国在国际市场上的影响力。

拓展全球资源配置的空间

虽然经济全球化是不可逆转的趋势，但因为一些国家推行贸易保护主义，再加上新冠肺炎疫情的影响，我国原本运转正常的国际供应链、产业链被迫中断，出现了一系列问题，例如产供销脱节、上下游不同步等。为了应对这些问题，我国要依托门类齐全的加工制造体系，挖掘体量庞大的内需市场，立足于国内生产市场与消费市场的优势，构建国内、国际优势互补、相互促进的双循环机制，巩固我国的产业优势，进一步提升产业链现代化的水平，推动产业基础向着更高级的方向发展。

从全球价值链治理机制来看，构建国内大循环，可以立足于体量庞大的国内市场提高生产工艺，增强品牌影响力；构建国际大循环，可以借助双“8”字环流开展规范化、标准化的生产活动，提高企业的创新能力。从这个层面可以发现，国内大循环与国际大循环互为补充。但对于我国企业来说，想要形成核心技术优势和渠道优势，实现经济稳定发展，国内大循环更加重要。

随着外部形势愈加复杂，国际贸易摩擦不断加剧，新冠肺炎疫情迟迟得不到有效控制，传统国际经贸规则的地位岌岌可危，急需构建一套新的国际经贸规则体系。中国是全球多边经贸规则坚定的拥护者。对于中国来说，依托国内巨大的市场需求和日渐完善的市场经济体系，中国可以不断增强对境外投资的吸引力，改善企业的外贸环境，从而达到稳外资和稳外贸的目的。

畅通国内循环和国际循环不仅要促使人流、物流、资金流、要素流在国内市场、国际市场实现无障碍流动，而且要促使国内市场规则与国际市场规则对接并相互融合。目前，中国正在持续提升对外开放水平，从商品和要素流动型开放向制度型开放转变，持续增强现代市场体系的立规建制能力，促使国内外市场规则相互融合，从而以更开放的姿态融入世界经济体系。为实现这一目标，我国正在努力塑造世界一流的营商环境，增强对外商、外资的吸引力，进而提升在全球经济治理中的地位与影响力。

随着国内大循环与国际大循环的形成，中国在全球范围内配置要素资源的空间将得以进一步拓展。在此次全球抗击疫情的过程中，中国扮演了极其重要的角色，彰显了大国的责任与担当，在国际市场上的地位不断提升。与之相对应的是，在新形势下，国内经济系统对全球化的适应性与灵敏度也在不断提升。

未来，在“一带一路”的带动下，我国一部分工厂、企业将向沿线国家迁移，海外制成品的需求将有所下降，但技术、生产线、关键设备、原料部件等领域的需求将大幅增加。面对这种变化，政府要做好协调与平衡。需要注意的是，畅通国内大循环，做大国内市场，并不是将所有的海外消费引入国内，把外需转化为内需，而是有效满足国内需求与国际需求，通过国内市场的满足与扩张惠及国际市场，稳定国际经济，体现大国力量。

双循环新发展格局形成后可以推动各个产品在经济发展水平不同的国家有序转移，促使各个产业相互拉动，实现贸易互补以及产业协同。这不仅涉及狭义的生产力，而且涉及技术、管理制度、标准等软实力，拓宽分工合作的领域，扩大世界范围内的生产可能性边界。

目前，我国的工业化已经进入中后期，正在向高收入发展阶段迈进。在此阶段，我国需要进一步提升对外开放的水平与程度，与全球产业链实现深度融合，进一步强化国际大循环，推动产业结构不断升级，持续提升产业链的运行效率。

现阶段，双循环新发展格局已经初现雏形。在国际大循环方面，虽然我国在国际出口市场上所占比重极高，中间品出口的地位非常稳固，但随着消费升级，居民的消费能力不断提升，我国在国际进口市场上的地位也将不断提升。除此之外，近年来，我国中间品及最终消费品的进出口规模都保持了高速增长，其中，相较于中间品来说，最终消费品进出口的增长速度更快。在此形势下，国内产业转型升级的趋势愈加明显。

双循环是在新形势下，党中央为稳定国内经济发展，在新型全球化格局中占据主导地位而采取的重要战略举措。双循环新发展格局的形成不仅可以让世界经济享受到国内经济发展的红利，而且可以建立一个开放程度更高、包容性更强、更加公平的世界经济体系，为世界经济的恢复发展提供动力，实现构建人类命运共同体的伟大目标，促进世界共同繁荣。

构建主动型双循环新发展格局

对比国内经济循环的体量与国际经济循环的体量可以发现，国内经济循环完全可以作为主导。从供给角度看，我国工业生产体系最完整、规模最大，共拥有39个大类、191个中类和525个小类，涵盖了联合国产业分类中的所有工业门类。从需求角度看，我国消费市场规模非常大，而且需求多元化。据统计，2019年，中国人均GDP为1万美元，中等收入群体规模达到了世界第一。

按照发达国家普遍经历的工业化发展进程来看，我国已经进入工业化后期，产业链、供应链、消费市场逐渐成熟，不仅可以满足规模经济、集聚经济发展的要求，而且可以助推国内经济循环走上主导地位。

以国内经济循环为主，并不代表不再重视国际经济循环。目前有一个错误的观点，认为随着中美贸易摩擦加剧，一些国家倡导“去中国化”，再加上新冠肺炎疫情对全球经济的影响，我国创建国际经济循环的进程会在短期内受到明显抑制，使供应链遭受一定程度的侵蚀。在这种情况下，从以国际经济循环为主导转向以国内经济循环为主导，增加国内经济循环的体量，形成以国内经济循环为主，国内、国际经济循环相互促进的发展格局是必然趋势。

事实上，我国要创建的双循环新发展格局是主动选择的结果，也就是在国际、国内经济循环体量都保持稳定增长的前提下，通过深化供给侧结构性改革，提高经济供给质量，挖掘国内潜在的消费市场，形成以国内经济循环为主，国内、国际经济循环相互促进的发展格局。

双循环新发展格局的形成不仅需要政府坚定不移地执行对外开放政策，进一步扩展外资、外贸工作，而且要大力推进供给侧结构性改革，刺激国内企业积极开展技术创新，提高产品质量，深入挖掘国内居民的消费潜力，不断增加国内经济循环的体量，增强我国供应链与产业链的竞争力，增强国内市场对国外企业的吸引力。其实，从本质上来讲，就是要推动我国经济转变高速增长的发展模式，迈进高质量发展的新阶段。

从被动型双循环新发展格局到主动型双循环新发展格局，不仅是思想观念的转变，更是发展战略和政策思路导向的转变，这一点需要重点关注。另外，需要注意的是，主动型双循环新发展格局的形成需要循序渐进。

在顶层政策层面，双循环新发展格局的构建需要做好两件事：第一，从需求侧入手扩大有效投资，促进消费，增加在新型基础设施建设、新型城镇化建设、重大工程建设领域的投资，围绕刺激居民消费出台一系列政策方案；第二，从供给端入手深化供给侧结构性改革，通过技术创新与制度创新突破经济循环建设过程中的技术限制与制度障碍，不断提升供给质量。具体来看，双循环新发展格局建设的重点就是解决结构性问题以及体制机制问题。

在这方面，有两个问题需要注意：

第一，国有企业改革问题。为了推进双循环新发展格局的形成，国有企业改革必须在《国企改革三年行动方案》的指导下稳步推进，切实深化国有企业分类改革，切实发挥公益性企业的公益功能，实现国有经济的战略功能；充分释放商业类企业的商业属性，不断扩大国有资本的规模。需要注意的是，在国有企业改革过程中，混合所有制改革也好，建立管资本为主的国有资产管理体制也罢，相关的政策体系已经形成，实践经验也有所积累，无须再设立试点，目前的工作重点就是放开“试点权”，全面推进混合所有制的各项改革。

第二，金融支持实体经济的问题。受新冠肺炎疫情的影响，2020年第一季度我国经济下降了6.8%，工业企业的利润下降了36.7%，银行业的利润率增长了5%。在此形势下，国家提出了“金融让利实体经济”的策略。在金融让利实体经济的问题上，需要重点防范金融企业以防范金融风险为借口维护自身利益的行为，要对金融短期风险与实体经济长期风险进行有效评估，采取措施从根源上解决阻碍我国经济有效循环脱离实体经济投资、转向虚拟经济投资的结构性失衡问题。

第二部分

以国内大循环为主体

第4章

国内大循环：构建完整的内需体系

“构建完整的内需体系”的内涵

世界正处于百年难遇之大变局中，站在这一历史关口，我们要如何谋划中国未来的经济呢？事实上，这就需要我们根据“十四五”战略规划，构建完整的内需体系，打造国内国际双循环相互促进的新格局。

“构建完整的内需体系”不是要我们简单地分析和讨论内需是什么，而是要我们从形成内需的背景、基础、条件和机制等维度来深入考虑，系统地理解“内需体系”的真正含义。

一、以稳定市场预期、提高社会资本投资积极性为着力点

企业家要扩大生产规模和进行创新性研发等冒险性商业活动，往往需要满足以下前提：一是企业家对未来经济有美好的预期；二是市场竞争比较公平；三是企业家的产权能够得到有效保护。

目前，受新冠肺炎疫情影响，广大中小企业损失惨重。中小企业是最易受到疫情冲击的企业，要借助它们重振经济，就需要各级政府采取“六稳”和“六保”等关键措施，而这些措施中最为重要的是重新树立民营企业家的信心，营造中国经济持续向好发展的预期和环境。

这就需要政府落实好在民营企业座谈会上提出的六条要求：

- 切实减轻企业税费负担；
- 采取措施解决民营企业融资难、融资贵的问题；
- 营造公平的竞争环境，特别是鼓励民营企业参与国有企业改革；
- 完善政策执行方式，将“加强产权保护”落到实处；
- 构建亲清新型政商关系；
- 保护企业家人身和财产安全。

如果能将这六条要求落实到位，民营资本将再次焕发生机。

二、以供给侧结构性改革为主线，提高资源配置效率

消费和投资是内需的主体，根据经济学理论，这两大主体之间形成合理的比例关系才能形成内需。而要使消费和投资之间形成合理的比例关系，一方面取决于供给侧与需求侧之间的有效衔接和动态匹配，另一方面取决于资源配置的效率。

目前，随着市场消费的不断升级，供给侧在要素市场、产品市场和服务市场中暴露出不少问题：第一，资金、土地、劳动力等要素在市场中很难合理流动，且存在着不少障碍；第二，产品的物流成本居高不下，农村及偏远地区的“最后一公里”问题依然存在；第三，疫情对服务市场造成较大冲击，生活服务业遭受重创，餐饮、文化、旅游、家政等行业陷入低迷，教育、医疗、养老等领域需要进一步深化改革。

要解决这些问题，就要深化要素市场化配置改革，建设并完善社会主义市场经济体制。这就意味着我们要通过进一步推动供给侧结构性改革，使供给侧和需求侧能够更加有效地衔接和更加灵活地匹配，同时使资源配置的效率得到大幅度提高。

三、以扩大就业和提高居民收入为基础

内需是以就业和收入为基础的。目前，我国的中等收入群体有4亿，中低收入群体有6亿，就业和收入问题依然严峻。

疫情期间，实体经济遭受重创，民生深受影响，社会失业率持续升高，部分劳动者收入不断下降，部分贫困人口脱贫的压力越来越大。为此，我们要进一步建立健全就业机制，鼓励人民就业和再就业，推动就业相关政策的制定和落实，形成创业带动就业的新格局。

与此同时，还要进一步推动收入分配制度改革，降低个人和企业税费负担，提高劳动报酬的初次分配比重，努力提高中等收入人群的数量，降低中低收入人群的数量，争取在未来几年内，让中等收入人群实现倍增，使中低收入人群减半。在此基础上，还要逐步优化消费结构，一方面要充分发挥中高收入人群在消费上的引领作用，另一方面要努力发挥中低收入人群在消费上的基础作用。

四、更好地发挥政府在扩大内需、维护市场中的作用

在扩大内需方面，政府可以发挥两大作用：一是政府通过自身采购形成一定的消费需求；二是政府通过鼓励建设和投资必要的公共项目来形成投资需求。从目前形势来看，两者都有进一步的改革空间。

一方面，政府要建立健全采购政策落实机制，通过政府采购促进和引导内需的扩大；另一方面，政府也要提高公共投资的效率，优化公共投资的结构，将资金引入到不能有效配置资源的公共领域，如公共卫生、城乡基础设施、生态环境保护、重大科技进步等，充分发挥公共投资作用，不断扩大公共领域的总需求。

政府与市场既不是简单的替代关系，也不是简单的互补关系。强大

的市场需要“有为政府”和健全法治体系的支撑；“有为政府”和健全法治体系能够催生出“高效市场”。想要更好地发挥政府的作用，不是由政府来决定资源配置，而是要让市场来决定资源配置。有了“有为政府”和“高效市场”，才能建立“和谐社会”，前者是后者的基础。其中，“有为政府”可以为“和谐社会”提供法治支撑，“高效市场”可以为“和谐社会”提供充分就业。

五、形成内需外需兼容互补、国内国际双循环相互促进的新格局

我们需要从多重维度来谈论内需，而不能单纯地就内需谈内需。我国要适应经济全球化的趋势，建立开放型经济，在此条件下，我国市场内需的形成和供给必定与国际产业链、供应链的畅通和协同息息相关。新冠肺炎疫情对全球贸易投资产生了重大影响，在此背景下，我国仍会不断扩大进口，持续以开放的姿态融入全球产业链和供应链。这不仅是因为我国市场存在着多样化和个性化的需求，更重要的是，我国在全球经济陷入低迷的时刻，既不会推卸责任，也不会抹黑他国，而是持续发挥着自身的作用，展现了作为一个大国的担当和责任。

中国拥有14亿人口，其中4亿是中等收入群体，6亿是低收入群体，市场规模十分庞大。不仅如此，我国的人均GDP已经进入了1万~3万美元的黄金发展阶段，拥有强大的潜在经济活力和广阔的市场发展空间，这为我国国民经济的持续向好发展提供了有力保障。

未来几年，我国自身的内循环就能进一步拉动经济增长，同时我国

还可以通过增加进口贸易拉动周边国家的经济，促进国际社会的繁荣，进而带动全球经济复苏，实现国际经济大循环，并最终形成国内国际双循环相互促进的新格局。

全领域、多层次、动态性

构建完整的内需体系既是一项重大的科学判断，也是一项重要的战略选择。它是根据国内发展形势和国际发展大势提出的一项重要发展战略。这一战略的提出为我国当前经济工作指明了方向，同时也表明了扩大内需在经济发展中的重要地位。所谓完整的内需体系，其实就是国内需求的总和，包括全领域、多层次的需求，这些需求会随着社会、经济、环境、技术的变化而进行动态调整。

一、完整的内需体系具有全领域性

完整的内需体系具有三大主体，分别是居民、产业和政府。完整的内需体系是需要以居民消费为基础的，因为社会生产的目的就是满足人民的消费，就是满足人民美好生活的需要。目前，我国是世界第二大经济体，拥有庞大的消费市场。同时，我国经济正向着高质量发展方向迈进，人们的收入水平和消费水平都会持续地提高。可以预见，在“十四五”时期，我国的产品零售总额将会有更大的提升。

我国拥有齐全的产业种类和完整的产业链，且对各个领域的生产资料都有需求，比如，要想发展我国某领域产业，就需要投入大量生产资料和资金，包括厂房、设备、能源、原材料、零部件、软件、服务等多方面的投入。对现代社会经济发展来说，政府具有十分重要的作用。不可否认，政府在国防、基础设施建设、基本公共服务中扮演着非常重要的角色，同时也在促进科技创新、优化产业环境、推动产业发展等方面发挥着积极作用。在政府的推动下，我国市场需求将会变得更加多元化。

二、完整的内需体系具有多层次性

（1）在居民消费方面，我国拥有可观的高收入人群，庞大的中等收入人群，同时也存在巨大的低收入人群。因此，我国需要持续扩大中高等收入人群的比例，持续巩固脱贫工作的成果。居民消费主要分为两类，一类是生存型消费需求，主要特点是侧重数量、对价格敏感；另一类是发展型需求，主要特点是追求高品质、新颖性、个性化。我国地域广阔，人口基数庞大，拥有众多的民族，人民在生活环境、风俗习惯等方面存在着较多的差异，居民消费根据地域、民族、年龄的不同呈现出多元化的态势。

（2）在产业需求方面，我国拥有众多的企业，既有世界一流的企业，也有区域型的中小企业；既有技术先进、享誉全球的企业，也有大量技术水平较低、生产规模较小的中小企业。由此可见，我国企业拥有丰富的类型，但同时也存在发展不平衡的问题。在同一行业内，可能存在着多种不同企业，这些企业拥有独具特色的工艺、装备、系统以及丰富的应用场景，其生产资料需求具有多个层次，既包括对不同技术水平的需求，也包括对不同质量标准的需求，还包括对不同价格的需求。

（3）在政府层面，我国各级政府在社会发展和经济发展过程中扮演着重要角色，比如他们可以为人民提供医疗、教育、交通、通信等多方面的基础公共服务，同时也能在提高公共服务水平、加强国防建设和新型基础设施建设等方面发挥关键作用。而政府在发挥多方面作用的同时，也会形成多层次的需求。

三、完整的内需体系具有动态性

完整的内需体系涉及居民、产业、政府等多个层次的需求，而所有需求都是不断变化的，促使这些需求产生变化的原因有很多，主要包括以下几点：一是经济增长；二是科技进步；三是人口结构变动；四是国际经贸环境变化。

在经济增长时，人民的收入水平会不断提高，这样就会不断扩大内需的规模，提高内需的层次，促使内需结构更加多元化。

在科技进步时，新模式、新业态、新产品、新服务就会陆续被催生出来，这些新事物带来的需求会代替原有需求，推动国内需求向新创造的供给转换。

在人口结构变动时，不仅是人口规模发生变化，性别比例和年龄结构也可能发生变化。这些变化势必引起消费结构、需求结构的变化，而新的变化又会推动相应产业结构和产业需求的变化。

在国际经贸环境变化时，国内各领域需求也会发生变化。随着全球化的推进，我国用户对国外产品和服务的需求越来越大，同时，随着国内产业和企业出口业务的发展，产业需求结构和层次也在不断进行调整。而如果逆着“全球化”发展，我国对国外产品、服务乃至产业的需求就会不断萎缩。作为内需的三大主体，居民、产业和政府之间具有依赖关系，每个主体的变化都会对其他主体产生影响。而各细分产业和产业链之间同样具有这种关系。因此，如果内需体系内部发生变化，各个领域的国内需求也会随之产生变化。

我国经济增长的“压舱石”

整个世界正在面临着百年难遇的大变局，这既给我们带来难得的历史机遇，也让我们面临着巨大的风险。从机遇上来看，世界正在兴起新一轮的科技革命和产业变革，这不仅能为我国培育壮大新产业提供契机，还能为我国加快经济发展和改善民生增加助力。从风险上来看，一些“逆全球化”的行为会增加地缘政治风险，给全球供应链、产业链的稳定运转带来巨大挑战。我国构建完整的内需体系符合时代的要求，同时也符合我国进一步发展的要求，一方面，能帮助我们应对复杂多变的国际环境，另一方面，能帮助我国经济保持平稳、健康发展，甚至在机遇中实现“换道超车”。

我国经济的发展需要一个“稳定器”，而构建完整的内需体系就相当于提供了一个最大的“稳定器”。我国有14亿人口，其中，9亿人口是重要的劳动力，超4亿人口属于中等收入群体，经济总量居全球第二位，是名副其实的经济大国，而在我国经济发展中，内需一直占据重要地位。总体来说，我国居民、产业和政府更加依赖于本国产品，因此，相比于国际市场需求，我国市场需求更加稳定。通过拉动内需可以减轻全球经济波动给我国经济带来的冲击，使我国经济更加稳定和可持续地发展。改革开放四十多年以来，我国政府已经形成了较强的经济宏观调控能力，能够自如地应对各种重大危机，比如政府通过宏观调控使我国经济经受住了多次亚洲和国际的金融危机，使我国内需避免了大起大落。从以往的经验和实践来看，内需无疑是经济发展的最可靠引擎。新冠肺炎疫情对全球经济造成了重大冲击，而我国却能快速控制住疫情蔓延，在短时间内率先复工复产，实现经济复苏，这与国内需求的快速恢复密切相关。近年来，内需既是我国经济增长的“稳定器”，也是我国经济发展的“压舱石”，其作用不断得到凸显。随着国内需求的不断壮大和持续升级，我国经济必将长期实现高质量的发展。

我国经济发展已经走出了高速增长阶段，正在向着高质量发展阶段转变。而要想推动我国经济的高质量发展，就需要打造完整的内需体系，一方面需要不断增强我国的创新能力，另一方面也要不断扩大和升级我国的市场需求。

2019年，我国人均GDP首次超过1万美元。我国居民消费在满足了衣食住行等基本生存需求之后，开始转向能提高生活品质的物质产品和现代服务方面。其中，物质产品包括汽车、健康食品、智能家居、新型消费类电子产品等，现代服务包括教育、文化、健康、旅游、互联网等。居民消费正在向着更加高端化、个性化、绿色化、健康化、智能化、服务化的方向发展，消费的目的是提高生活品质和生活水平，消费的层次也有了较大提高。

我国产业过去追求的是规模性、平铺式的发展，而随着消费需求的不断升级，比较优势的持续转变，以及国际化的进一步加深，我国产业开始转向立体式、创新型发展，力求做到拥有更优的技术、更高的性能和更好的质量。改革开放以来，纵观产业发展的历史，可以发现，我国各个产业的发展壮大和升级离不开国内市场的需求。正是在国内市场需求的推动下，我国的家电、造船、高铁、通信设备、建筑机械、互联网服务等产业才能茁壮成长。

我国经济正在走入高质量发展阶段，人们开始追求新颖和个性化的消费，这类用户规模的不断壮大，有力支撑和推动着我国前沿技术的商业化进程。同时，新型消费规模的扩大也能够促使我们紧紧抓住科技革命和产业革命的机遇，帮助我们不断培育壮大战略性新兴产业和未来产业。

良好的外部发展环境需要完整的内需体系作为有力支撑。要想形成完整的内需体系，一方面要打破国家的资源禀赋条件限制，另一方面也需要达到一定的经济发展水平或进入某一经济发展阶段。我国的市场规模庞大，涉及领域齐全，层次丰富多样，是世界上少有的多元化市场之一。

同时，我国的国民经济增速位于世界前列，无论是在居民收入和消费方面，还是在商品和服务进口方面都有较高的增速。我国拥有巨大的国内市场，而且市场规模仍在快速扩大之中，这不仅是任何一家跨国公司无法忽视的，也是任何一个国家无法忽视的。我国坚持对外开放的政策，不断拓展对外开放的广度和深度，既鼓励商品和要素的流动型开放，又注重规则和制度的政策型开放。随着开放力度的不断加大，各个国家的商品、服务和资本都可以自由进入中国市场。提高我国市场在世界市场中的地位，搭建完整的内需体系，这不仅能帮助我国在国际贸易中赢得话语权，同时也能营造一个稳定的外部环境，促进我国经济社会的进一步发展。

把握供给与需求的辩证关系

构建完整的内需体系，要把握好三大关系，分别是供给与需求的关系、国内供给与国外供给的关系、内需与外需的关系。

一、供给与需求的关系

在市场经济内，供给和需求的关系是一种最基本的关系。要想满足需求，就要以供给为前提。供给要以需求为发展导向。需求变化，供给就要跟着调整；需求扩大了规模，供给就要扩张能力；需求提高了层次，供给就要提升质量；需求处于哪个层次，供给就要处于哪个水平。供给水平也能对需求产生影响，新的供给可以引导新的需求，比如创新产品的供给可能引发新的消费需求；供给水平长时间不能满足需求，需求就可能萎缩、转移甚至消失。

构建完整的内需体系的前提条件是：统筹兼顾供给与需求，从结构上进行供给侧改革，通过升级需求带动供给的质量提升，通过提升供给质量引领需求的扩大升级，促进供给和需求的良性互动，形成两者之间的良性循环。

二、国内供给与国外供给的关系

要想满足国内需求，就需要以国内的供给能力为基础。作为世界第二大经济体，我国拥有巨大的市场需求，这就意味着我国必须建立完整的国内供给体系来适应市场的需要，而不能只依赖国外供给。随着国内外形势的日益复杂，我们需要通过提升国内供给能力来满足不断升级的需求，比如增加国内粮食供给以保障粮食安全，增强国内能源供给能力以保障能源安全等。

我国对国外商品、服务和资本的进入始终持开放态度。随着我国开放深度和广度的进一步扩大，国外供给不仅能帮助满足国内多元化和个性化需求，同时也能为国内产业提供全球化的优质资源配置。

另外，国外供给可以为国内企业带来竞争压力，从而促使它们加强技术研发和产品创新，提高供给质量和竞争能力。辩证看待国内供给与国外供给的关系，维护和处理好两者的关系，能够提高国内产业链和供应链的韧性和稳定性，有利于构建更好的和更为完整的内需体系。

三、内需与外需的关系

国内需求与国内供给之间是高度匹配的，外部环境的变化很难对它们造成影响。稳定的国内需求与国内供给能推动经济的增长。国内需求在不断获得满足的过程中不仅能够带动国内供给能力的提升，也能够促进国内企业竞争力的提高。

构建完整的内需体系并不意味着要忽视甚至是放弃外需。外需的背后是巨大的国际市场，它既是推动全球经济增长的动力，也是解决各国就业的关键力量。例如，德国、韩国等国家的对外出口规模超过其GDP的40%，因此外需对这些国家经济的增长具有十分重要的作用。丰富和多元化的外需有时也可以引导国内消费，提高国内需求的水平；实现内需和外需的良性互动，有利于逐步形成“以国内大循环为主体、国内国际双循环相互促进的新发展格局”。

第5章

深化改革：畅通国内大循环的关键

消纳产能：促进供需动态平衡

我国经济具有四大特点：一是潜力足；二是韧性强；三是回旋空间大；四是政策工具多。而且这些基本特点将会长期持续下去，不会因受到外界干扰而发生改变。新冠肺炎疫情对我国的经济造成了巨大的冲击，为了降低疫情对经济的影响，党中央、国务院提出了一系列措施，其中确保完成“六稳”“六保”是应对当前困难的重点。从短期来看，全力促进经济恢复，推动国内经济大循环顺利运行，是构建完整内需体系的当务之急。

近几年，在供给侧结构性改革的持续深化、推进下，一些行业的产能过剩问题得到了显著改善，我国经济大循环的水平和质量也有了显著提升。而在新冠肺炎疫情的影响下，部分传统行业在产能过剩方面又出现了新的问题，面对这种情况，单纯地利用强行去产能的手段是无法彻底解决问题的，应该采取拉动内需、适当调整政策等手段来予以解决。产能过剩实则是一个相对的概念，主要受特定技术和制度环境的影响，而环境一旦改变，供需条件也会跟着发生变化。

以钢铁行业为例。据工信部数据，我国在2019年的生铁产能为8.09亿吨，同比增长5.3%；粗钢产能为9.96亿吨，同比增长8.3%，钢材产能为12.05亿吨，同比增长9.8%。三者的产能增长都非常迅速，已经出现产能再次过剩的迹象。实际上，在钢铁生产端，我国已经利用一系列的“去产能”措施淘汰了一批污染严重、技术落后和规模较小的产能，目前我国的钢铁产能已经处于世界领先水平。在钢铁消费端，建筑业对钢铁的消费需求占总产能的60%以上，其中在建筑结构上的消耗量只有7%~8%，而一些欧美国家和地区在建筑结构上的消耗量为40%左右。

目前，我国每年都会新增十多亿平方米的建筑面积，如果能适度提高建设标准，增加房屋用钢比重，比如使用钢结构建筑，就能每年多消耗钢材一亿多吨，钢铁在房屋结构方面的增耗有利于消纳国内的钢铁产能。目前我国的钢筋混凝土房屋的寿命通常为30年左右，而使用钢材建设房屋，可以将房屋寿命延长至70~100年。提高建筑结构的钢材使用量可以使建筑用钢标准上升到更高的层次，不仅能使房屋质量获得大幅度提升，使房屋寿命延长至原来的数倍，还能提高房屋抗震减灾的能力，促进废铁炼钢的循环经济，实现一举多得的经济效益。

以汽车行业为例。2019年，我国共生产汽车2572.1万辆，销售汽车2576.9万辆，无论是在汽车生产还是汽车销售上都位居世界第一，且蝉联数年。但是，与2018年相比，我国汽车的生产量同比下降7.5%，销售量同比下降8.2%，存在消费萎缩的迹象。世界银行公布的数据显示，2019年，美国每千人汽车拥有量为837辆，德国每千人汽车拥有量为589辆，日本每千人汽车拥有量为591辆，而中国每千人汽车拥有量仅173辆，甚至不及一些亚洲国家，如马来西亚每千人汽车拥有量为433辆。从每千人汽车拥有量上来看，我国汽车市场的前景十分广阔。我国每千人汽车拥有量较少、汽车消费不振的主要原因在于一些政策限制了汽车消费。

我国有不少民众存在较强的购车需求，但是由于限购、限行等政策的约束，他们不得不打消了购车的念头。如果我国能给汽车消费提供更大的空间，改造城市交通设施，加速立体停车库建设，就能够进一步满足市场消费需求。

事实上，在写字楼方面，国内一些城市已经出现产能过剩的问题。而写字楼的闲置会造成资源浪费。如果能将部分过剩的写字楼改造成立体车库，就可以在很大程度上填补楼房型立体停车库的空白，不仅能拉动国内的消费，还能平衡车辆消费市场。

再以能源化工行业为例。我国2019年的进口原油量达到5亿吨，占市场消耗总量的70.8%，对外依赖程度非常大；而天然气进口量达到9660万吨，占市场消耗总量的43%，对外依赖程度同样不小。在未来几年中，我国在油气方面的对外依存度仍将继续提高。不可否认，油气对外依存度较高总归是国家能源安全的重大隐患。我国进口的油气资源主要用于国内各种化工产品的生产消耗，而我国的煤炭资源储量丰富，居于世界领先行列。据相关统计，我国煤炭的年产能可达50亿吨，实际产量约40亿吨，总体上存在“过剩”迹象。

煤炭也是天然的化工原料，我国在煤炭资源上具有领先优势。因此，我们建议用煤炭来代替进口原油，促进煤化工、煤制油、煤制气等行业的发展。未来的电力将主要产生于可再生资源，我们不能将丰富的煤炭资源只是简单地用来发电，还要将其更多地应用于化工产业。在这一方面，国内的一些大型企业已经具备基本的能力，代表性企业包括神华集团等。如果我国能将煤炭用于炼制化工原料，比如每年新增8亿~10亿吨煤化工原料，那么就能每年减少石油进口量2亿~2.5亿吨，这不仅可以消纳国内“过剩”的煤炭产能，还可以降低我国资源对外依赖程度。

目前，煤化工在技术路线上受到两大制约，一是成本较高，二是清洁技术落后。不过，这两种制约都可以通过科技的创新和应用来逐步予以解决。我们建议将一些有实力的国企和民营企业引入煤化工领域，并投入大量资本来发展煤炭清洁利用技术，用科技创新和先进管理来降低生产成本，提高煤化工产业的竞争力。

改善民生：跨越“中等收入陷阱”

2019年，我国人均GDP突破1万美元，意味着我国已经进入中等收入水平，不过仍处于“爬坡过坎”阶段，我国的中等收入群体达到4亿人，中低等收入群体达到6亿人。

新冠肺炎疫情对全球经济造成严重冲击，在此情形下，如果不能有效实施合理的政策，很可能会致使我国掉入“中等收入陷阱”。因此，我国要采取一系列的政策措施，如在刺激消费、促进就业、强化保障等方面制定相应政策措施，不断扩大高中等收入群体，进一步缩小低等收入群体，从而形成纺锤型收入分配格局。

一、降低个人所得税，刺激个人消费

目前，我国的个人所得税在全世界范围内相对较高，主要采用七级累进机制，最高税率可达45%。相对于我国的全部税收，每年的个人所得税占比只有7%，而发达国家能达到20%，一些发展中国家也可达到15%，在此方面，我国相对落后。我国个人所得税所占比重较低的一个重要原因在于许多私营企业主在高边际税率下将自己的工资收入留在了企业，并按照25%的税率上交了企业所得税，还有一些高收入人群会通过移民或将企业迁至中国香港、新加坡等税率优惠地以实现避税。

在大多数国家，个人所得税税率一般都不会高于企业所得税税率。目前，我国企业所得税税率为25%，个人所得税最高税率为45%。为扩大内需，刺激个人消费，增加人民幸福感，我国应将最高所得税税率降至25%，同时减少税率级次。有些人认为降低个人所得税税率也会相应地减少税收总量，实际上，这一做法不仅不会产生这样的副作用，反而会扩大税基，促进消费，增加税收总量，逐步提升个人所得税占总税收的比重。

二、稳定小微企业所得税优惠政策，助力保民生保就业

小微企业为我国的就业提供了巨大帮助。在我国的企业中，有80%的企业是小微企业，这些小微企业吸纳了我国70%的就业。2018年，我国政府为促进小微企业发展，出台了对应的所得税优惠政策。对于纳税100万元以内的小微企业，只将其所得的一半计入应纳税所得额，然后按照20%的税率缴纳企业所得税，该政策于2018年1月1日开始生效，2020年12月31日结束，优惠时间3年整。

这一优惠政策的有效期在新冠肺炎疫情暴发之前，而随着新冠肺炎疫情的持续，广大小微企业遭受到空前的冲击，许多企业承受着关乎生死存亡的重大压力。在此背景下，我们建议充分考虑国内大循环的战略需要，继续推行针对小微企业的这一优惠税收政策，并将其转变成基础性的税收制度，甚至写入相关法律，从而起到放水养鱼、稳定市场预期的作用。

在疫情肆虐的特殊时期，给予小微企业所得税优惠，实则与给予经济特区和高科技企业所得税优惠是一样的道理。小微企业一旦重新焕发活力，就能起到强大的模范带头作用，带动社会的广泛就业，从而推进我国经济正向循环，实现又快又好发展。

三、盘活农村建设用地，增加农民财产性收入

我国的6亿中低收入人群主要分布于农村地区。近年来，城乡居民收入差距持续扩大，主要原因包括：一般来说，城市居民的产权较为清晰，他们的住宅、车库等财产会因为市场原因逐步升值；而农村居民一般采用集体土地制度，所属财产相对模糊，且市场化交易比较困难，这就导致他们很难享受财产性收入。

我国改革开放已经40余载，人民收入有了较大提高，但长期以来，农民的财产性收入只占到全部收入的3%左右。2013年11月，中共十八届三中全会成功召开，会上强调并确定了农民的多项权利，如“坚持农村土地集体所有权”“依法维护农民土地承包经营权”“赋予农民更多财产权利”等。但是，经过六七年的发展，农民对土地依然只有集体所有权、承包经营权等，在一定程度上并未见到“更多财产权利”。

而要想缩小城乡收入差距，就需要以深化改革作为直接发力点，将农村土地上附着的财产转化为可供交易的财产，从而增加农民的财产性收入。

四、增加社会事业支出，逐步提升社会保障水平

2019年，我国居民人均消费支出为21559元。而人均消费支出的43.9%用在了住房、医疗、教育这三大项目上，与2015年相比，这三大项目的消费支出占比提高了3.7%，这种现象很可能会影响居民的消费水平。因此，我国政府应加大对人民住房、教育与医疗等方面的财政补贴，减少居民在对应领域的支出，刺激居民在其他领域的消费。

举例来说，大城市市政府可以通过采取以下措施改善人们生活水平：第一，增加保障房供给，提高公租房的比例，将商品房的房价和房租稳定在市场平均水平；第二，推行公共学前教育，并将高中阶段也纳入义务教育范围；第三，鼓励学生报考医学院校，减免医疗卫生专业的学费，增加医护人员供给，以应对老龄化、慢病化加重带来的医护服务供给短缺问题。

区域协调：培育区域经济新增长极

要形成国内经济大循环，就需要实行区域协调发展政策。在新的发展趋势下，一方面要加强中东部地区的城市群、都市圈建设，增强中心城市、城市群的经济发展和人口承载能力；另一方面要使西部地区不拘泥于自身资源禀赋，利用创新科技寻找新的发展契机，最终形成优势互

补的区域经济布局，实现经济的高质量发展。

具体来说，如何建设好中东部地区的城市群、都市圈呢？我国目前的城镇化率超过了60%，原来的各类城市各自为政，只关心自身的发展，而现在的城市更关注都市圈和城市群的协同发展。目前，我国已经开启城市群、都市圈协同发展模式的地区包括京津冀、长三角、珠三角、长江中游等，这些地区协同发展的红利将高达数十亿元人民币。

城市群、都市圈的发展规划既要高瞻远瞩，也要科学合理。这是发挥城市群、都市圈的基础设施综合效益的前提，也是促进城市协同发展的条件，更是实现资源优化配置的关键。总之，它是一种看不见的“经济学”，是促进城市经济进一步发展的基础。

（1）城市群的内部结构十分重要，既需要科学合理地规划，又需要不断地升级优化。以科学、合理的城市群内部结构为基础，将超级大城市、城市群、都市圈等进行优化嵌套，实现各城市内和城际分工协作，是形成经济发展新格局的前提条件。

（2）城市群、都市圈的发展规划需要遵循“大联通、小分布”原则，在中心城市功能聚集区建设上，要采取“多中心、组团式”的布局策略。

（3）在城市“人流”和“物流”方面，要通过实现综合交通网络的高效联通和无缝对接来降低综合成本。

我国西部地区在发展上与东部地区存在较大差距，虽然西部大开发已经实施了二十多年，而且也已取得了重大进展，但是西部地区仍然存在发展不平衡、不充分的问题，脱贫攻坚任务依然艰巨。因此，对于西部地区的发展规划，我们一定要打开思路，不断创新方法，结合新技术、新应用，建立系统性的工程，谋求新的突破和发展。

我们在过去想当然地将东部地区的城市化、工业化模式生搬硬套地用于推动西部地区的发展，但是经过实践证明，这种方法是错误的。西部地区的落后一是受制于技术，二是受制于其自身的资源禀赋。如果只是更改制度，而不发展技术，西部地区的资源禀赋格局将难以改变，从而不容易缩小发展落差。因此，西部地区的发展规划需要一种新思路，一种超越常规的思路。

例如，西部地区地广人稀，因此其农业发展不应采用劳动密集型模式，而应采用科技化、工程化、企业化的新模式。关于西部农业发展问题，我们建议借鉴以色列、新加坡等国家的农业发展经验，利用立体种植、大棚滴灌、无土栽培、少土栽培等技术在条件适合的地方建立新型戈壁农业，将原本废置的戈壁滩变成蔬菜和粮食的大型生产基地，并通过中欧班列出口至欧洲各国，或输送至内地中东部消耗。

假设西部地区成功建立了10万平方公里的新型戈壁农业，换算成农民常用的土地度量就是1.5亿亩，若按照每亩1万元的产值计算，则每年1.5亿亩的新型农业便可为西部地区带来1.5万亿元的产值。不仅如此，这也相当于新增了1.5亿亩耕地，若将其销售给东部地区，不仅能为西部地区发展筹集更多的资金，还能为东部城市群、都市圈建设增加用地指标。因此，这样的做法可谓一举两得。

我国西部地区拥有丰富的自然资源，包括水、光、风等。这些可再生能源都能通过技术手段转化为电能资源。但是，近年来，我国对电能需求出现放缓趋势，同时西部电力的调峰能力有限，外送渠道不畅，成本较高，这些原因导致西部地区开始出现弃水、弃风、弃光等现象。我们对此提出以下建议：

- 大力发展抽水储能、风力储能、光化学储能技术，将水、风、光等能源的峰谷差平衡到可用范围，并利用能源改造技术将之转变为安全、稳定、可靠和可持续的电力资源。
- 增加对特大高压电网的投资，将西部电力充裕地区的电能通过这类电网输送给国内其他地区，同时提高水、风、光等可再生能源的消纳能力。
- 在西部地区利用较低成本建设云计算数据中心，并以“东数西算”模式为东部地区提供云计算服务。
- 以系统工程发展思路，利用新技术、新应用等将西部地区的清洁能源最大化地开发出来，并将其转化为支撑西部地区发展的物质基础，甚至是转化为用以促进全国高质量发展的物质基础。

体制改革：激活社会资本投资活力

一、深化要素市场化配置改革

2020年3月30日，我国正式对外发布了《中共中央　国务院关于构建更加完善的要素市场化配置体制机制的意见》。这是一份提出了多项改革意见的重要文件，特别是对许多生财型、聚财型、资源优化配置型改革给出了深刻的指导意见。这份文件不仅具有极强的针对性和前瞻性，同时也具有非常重要的战略意义。文件中给出的一系列措施，如“探索建立全国性的建设用地、补充耕地指标跨区域交易机制”“放开放宽除个别超大城市外的城市落户限制，试行以经常居住地登记户口制度”等，既有助于促进各类要素的流动，又有助于引导各类要素相互协同地向先进生产力集聚。

在新冠肺炎疫情影响下，我国的经济增长和财政收入都受到重大冲击。在这样的背景下，如果能通过不花钱或少花钱进行必要的改革，并带来大量红利，不仅能为社会发展带来巨大的利好，还能促进复工复产，重启经济循环。

二、加快组建国有资本运营公司

2018年，我国国有企业资本总额达到58.7亿元，其中工商产业型资本投资公司的资本占99%。中共十八届三中全会曾提出“组建国有资本投资、运营公司”的要求，针对我国国有资本的现状，我们建议加快落实相关要求，从现有产业型国有资本投资公司中划分出10万亿元的股权资产，并利用这些资产创建若干个国有资本运营公司。这些运营公司主要致力于股权投资和另类投资领域，能够根据所投企业的效益来决定投资和撤资时机，同时可以结合资本市场盘活整个国有资本。

假设这10万亿元的股权资产能够通过投资方式实现10%的年化收益，那么我国国有资本每年就能获得1万亿元左右的收益，这样一来，就可以在不增加财政负担的情况下，为国家安全、公共服务等领域提供持续、稳定的国有资金支持。

另外，从国有工商产业中划分出10万亿元资本后，民营经济就能在工业、商业和产业类市场中获得更多的市场空间，根据测算，可以为民营经济腾出20多万亿元的市场空间。这样不仅能推动民营经济发展，还能在国有经济与民营经济之间建立资金循环，进而推动混合所有制改革，使我国经济重新焕发活力。

三、推进物流运输体制改革

中国的物流成本较高，约占国内生产总值（GDP）的15%；美国的物流成本占GDP的7%；欧洲国家和日本的物流成本更低，占GDP的6%~7%；东南亚的一些发展中国家物流成本也只占到GDP的10%左右。

中国物流成本偏高，已经成为一种社会共识，其主要原因在于物流的铁路运量比重较低。

就目前的国内物流来说，铁路运量只占到总运量的9.5%，水路运量占总运量的16.2%，公路运量占比最高，高达约74.3%。在美国，铁路运量占总运量的20%左右。高速公路的运输成本要高于铁路的运输成本，后者约为前者的1/3。由于铁路运输成本较低，所以，如果能提高物流的铁路运量比重，比如将其提高至15%~20%，就可以大大节约物流成本。

针对这一情况，我们建议提高铁路物流运量的比重，从而降低整体物流成本，具体可以从以下四方面着手：

- 要解决物流运输“最后一公里”问题，把铁路网覆盖到偏远地区、重点开发区和各类厂矿企业。
- 进一步延伸高铁路线，将原来利用率较低的普通快车打造成物流专线，提高资源利用率。
- 深化交通枢纽改革，利用多种方式进行联合运输，统筹兼顾，提高运输效率。
- 利用新一代信息技术打造智慧交通，提高前沿技术在交通运输中的应用，实现人流、物流、信息流的多流集成和高效畅通。

四、推进内外贸监管一体化

在互联网时代，跨境电商发展迅速，已经成为一种重要的贸易方式。在不久的将来，跨境电商将会成为国际贸易的主流方式。近几年，我国跨境电商进出口额不断增长，年均增速在50%以上。但是，在我国进出口贸易总额中，跨境电商进出口额所占比例不足2%。这主要是因为内外贸易监管体制的分割在一定程度上限制了跨境电商的发展。例如，在现有内外贸易监管体制下，跨境电商是无法对外进行贸易批发的，只能通过做零售来维持基本运营。

现有内外贸易监管体制将跨境零售商分为四种类型，分别是保税进、保税出、一般进、一般出。在对外贸易中，零售商只能选择一种类型做经营，无法将四种方式合并起来，成为综合性零售商。不过，跨境零售商对内贸易却没有这样的限制。在这种监管体制的约束下，跨境电商的企业经营能力十分有限。

目前，我国海关总署已经下发相关文件，允许将B2B模式引入跨境电商综合试验区和试点城市。对此，我们建议相关部门打破零售与贸易批发之间的壁垒，既允许跨境电商做B2B，又允许跨境电商做B2C。也就是说，要将零售和贸易合二为一，相关企业可以根据自身需求选择不同业态，比如零售或批发等，这样一来，就能帮助我国跨境电商有效整合国际供应链。

第6章
创新驱动：加快推进科技强国建设

从0到1：打通全流程创新链条

新冠肺炎疫情过后，世界各国在科技领域的竞争将会更加激烈。面对美国及部分欧洲国家对我国科技领域的频频打压，我们需要加快推进创新驱动发展战略，不断增强自身科技竞争力。而其中的关键任务就是要加快打通“基础研究—科技转化—商业应用”全流程创新链条，实现对科技强国的有力支撑。一般来说，一种创新活动从0到1，再到规模化、产业化，大致可分为三个阶段。针对创新活动的三个阶段，分别予以财力、物力、人力等多方面的投入，是做好创新驱动的关键。

一、第一阶段：基础研究

这一阶段的创新是从无到有的科技创新，也可以称为基础研究。这种创新可能诞生于科研院所的实验室，也可能诞生于大专院校的工程中心，还可能诞生于大企业集团的研发中心，它是高层次专业人才智慧的结晶。这种创新既需要国家科研经费和企业科研经费的支持，也需要种子基金、天使基金的支持。

现阶段，我国在这种创新上存在着很大的短板：虽然我国的研发投入总量在世界排名第二，占GDP的2.2%，但是投资领域较为分散，基础研究领域投入不足，特别是“核高基”等需要长期投入的领域缺乏足够资金。我国对基础研究的投入只占到总研发投入的5%，而一些发达国家的基础研究投入占比达到15%～20%，总体差距相对较大。

由此我们提出建议：要持续加大对基础研究的投入，可以在未来三至五年内将基础研究投入占比从5%逐渐提升至15%，并逐年持续加大投入。总之，就是要集中优势资源，弥补基础创新方面的短板。

二、第二阶段：科技转化

这一阶段的创新是科技转化，包括小试创新、中试创新、生产技术创新、专利创新、功能性产品样机创新、生产工艺创新等。

科技转化是各类研发中心的主要业务，是科创中心、孵化基地的主要研究方向。要实现技术转化创新，就需要调动各类专业性人才，建立技术转移机构。这些人才需要拥有高智商、高情商、高知识量，既要肯下功夫钻研，又要了解市场动向，更重要的是需要具备担任技术经理人的职业素养。

这种创新能够在科技与产业之间架起一座桥梁，那么它的具体使命又是什么呢？实际上，它的核心使命就是根据企业和产业需求，为企业和产业提供先进的技术解决方案。具体来说，就是要组织和整合科技力量，将科学转化为技术，并以中试验证和技术改进来实现其核心使命。从事这种创新的代表性机构有德国弗朗恩霍夫研究所等。德国的科技创新之所以世界领先，最主要的原因就是其拥有许多像弗朗恩霍夫研究所这样的科研机构。

对此，我们给出以下建议：要学习和借鉴国际科技创新的先进经验，遵循科技创新的规律，大力培育科技人才，推进建设一批具有创新实力的技术转移机构，不断强化技术开发和应用的短板。

三、第三阶段：商业应用

将技术转化成果变成真正的生产能力是创新活动第三阶段的主要任务。这一阶段很好理解，就是利用技术创新形成一款产品，比如一款新型手机，然后将其变成成千上万台产品，最后畅销全球的过程。要将一台新型样机变成成千上万台产品，就需要建立大规模的生产基地。而要建立大规模的生产基地，一方面需要大型企业的投资，另一方面需要通过产业链垂直整合，形成具有强大竞争力的产业集群。

这一阶段需要充分发挥资本市场的作用，将金融机构跟踪投资、企业IPO上市、大型上市公司收购投资、银行贷款和发债融资等作为金融服务重点。

近年来，我国在资本市场基础制度建设上取得了显著成果，典型案例是推出了注册制的科创板，为广大科技型企业上市融资提供了一条便捷的绿色通道。我们当下的主要任务是将科创板的示范作用充分发挥出来，将资本注入创新领域。科创板应该优先考虑以下项目：一是“卡脖子”的技术产业化项目；二是以产顶进、可降低关键核心技术对外依赖度的项目；三是有利于促进内循环、提升产业竞争力的项目。我们利用科创板的模范带头作用打造全流程创新产业链，掀起开展大规模科技创新活动的社会浪潮，争取将科创板打造成中国的“纳斯达克”。

“补短板”与“锻长板”

要建立双循环新发展格局，就要对经济领域的多个方面进行重大的战略调整，包括供给侧和需求侧的相应调整、科技创新和科技创新模式的相应调整。

在建立双循环新发展格局的过程中，首要的任务是“补短板”，即弥补科技创新方面的短板或关键技术的短板，这不仅意味着要解决国内大循环的“断点”，也意味着要解决国内大循环的“堵点”。双循环新发展格局以国内大循环为主体，这说明我国应该在经济上进行一次重大的转型。我国经济具有显著的外向型特征，在研发和消费方面对外存在较大依赖性，部分关键技术存在短板问题，产业安全难以保证。

要实现经济转型，就需要掌握自主可控的关键技术，大力弥补科技创新方面的“短板”，这也是形成双循环新发展格局亟待解决的问题。同时，我们还要加快前沿技术的研发和应用，避免关键技术“新短板”的形成，努力锻造自己的关键技术“新长板”。

建立适应性科技创新模式有助于双循环新发展格局的形成。随着国际形势的日益复杂，国际创新网络中的人才流动、知识流动、信息流动等都已经发生了明显的变化，我们在对关键技术“补短板”“锻长板”的过程中难免会受到一些无端的限制。而要避免这些限制，就需要我们快速构建与双循环新发展格局相适应的科技创新模式及相关领域的国际合作新模式。

要满足双循环新发展格局对科技创新提出的这些要求，就需要建立一个多元化的科技创新生态，并形成与之相适应的新循环。而要形成这样的新循环，就离不开以下几方面的支撑：一是主体角色的支撑；二是资源和要素的支撑；三是主体的互动关系和体制机制的支撑等。

一、吸引更多创新主体投入到加快关键技术“补短板”“锻长板”的任务之中

在以往的发展中，我们虽然也一直强调要在关键技术上“补短板”，

但当前提出的这一要求比以往任何时候都要急迫。对我们来说，“补短板”是一个“老大难”，我们直到现在都未能明显缓解这一难题。这是因为我们缺乏“补短板”的能力吗？实际上，并非如此。真正的原因在于我们缺乏“补短板”的动力和承担“补短板”责任的主体。如果我们仍然将“补短板”的希望寄托于他人，那么“补短板”将会成为一个永远也无法解决的问题。因此，在构建科技创新生态新循环的过程中，我们需要做好以下工作：第一，要明确“补短板”的主体和责任，加强相关任务的落实；第二，要加强“补短板”的战略规划，在战术上给予高度重视，加大对“补短板”的投资力度，优化其中的资源配置；第三，要持续向科技创新生态中投入大量创新资源，避免关键技术“补短板”拖了“锻长板”的后腿。

二、适应双循环发展新格局的科技创新生态还需要形成新的体制机制

在实现双循环新发展格局的过程中，我们不仅要在科技创新方面提出更高的要求，持续提高在关键技术上“补短板”“锻长板”的能力，持续注入相关的动力和资源，同时也要建立与之相适应的机制体制。这种机制体制需要满足以下要求：第一，要能在进行科技创新战略规划时制定合理的项目筛选标准，避免将重要的“补短板”任务淘汰出局；第二，要在科技创新活动开展过程中建立评估评价体系，提高相关主体“补短板”工作的积极性，使科研机构和科研人员在从事“补短板”工

作时能够心无旁骛、无后顾之忧；第三，这种机制体制要能兼顾“补短板”“锻长板”工作，甚至将两者融合实行。在这种机制体制的支持下，将能通过长期的积累形成一种良好的科技创新生态新文化，并能维持双循环新发展格局的高效运转。不过，这种机制体制的优化工作对我们来说是一个挑战，因此要予以高度重视。

总而言之，要想形成双循环新发展格局，就需要重新审视科技创新生态系统是否符合相关要求，包括审视科技创新生态系统的目标、任务、结构、资源配置、机制体制等是否符合相关要求。

在科技创新方面，双循环新发展格局提出了三点新要求：一是要尽快在关键技术上“补短板”，使国内大循环能够通畅运行；二是要加快在关键技术上“锻长板”，形成自己的技术竞争力；三是要建立适应性科技创新模式。实现这三点新要求的重点在于要形成与科技创新生态系统相适应的新循环，其中不仅要包括一定数量的主体角色，也要包括资源、要素的流动，还要包括主体互动关系支撑和主体机制支撑等。

大国重器：构建本土科技供应链

美国在19世纪早期就已经在低附加值原材料领域建立了长期的比较优势，成为全球产业体系下的领跑者。后来，随着第二次工业革命序幕的拉开，全球技术有了较大进步。1900—1913年，美国又在全球工业制品领域建立了自己的新优势。美国在当时的工业制品出口不仅逐渐超过了原材料出口，也超过了其工业制品进口。在这样的背景下，美国在高附加值领域的贸易盈余不断提高，并借此成为全球价值链的头部国家。

一、从低端制造向高附加值制造转变

改革开放以来，我国高新技术产业不断发展，高附加值产品出口稳步增长。目前，我国的国际专利申请数量已经超越美国，位居世界第一。自新冠肺炎疫情暴发以来，我国高新技术产品出口仍保持稳步增长，比较优势十分稳固。受新冠疫情的冲击，外需下降较为明显。在这种情况下，我国仍能维持较高的出口增速，为全球产业链注入动力，这主要源自以下原因：第一，我国的制造业种类齐全，具有较大的基础设施优势；第二，我国可以在短时间内迅速组织形成可以应对疫情冲击的产能，如医疗物资、居家办公设备等。当然，我国对外贸易也存在一些“短板”，比如加工贸易的比重较高、不少行业的市场和资源位于国外等。

随着高技术制造业的不断发展，我国各层级附加值生产环节将进一步得到完善，并能够在内外循环中形成多个产业闭环，这大大提升了我国产业链的抗外部冲击能力。作为全球产业链的一部分，中国产业链的崛起也帮助全球产业链提高了抵抗疫情冲击的能力。2020年上半年，尽管我国产业链受到疫情的严重冲击，但仍有许多产业维持了较高速的增长，其中具有代表性的产业包括通信电子、医药制造业等。而这些产业受益逻辑并不复杂，通信电子产业受益的主要原因在于我国主动加大了在科技领域的投入，并强调打造自主可控的产业链条；而医药制造业的受益一方面是由于疫情带动了相关需求，另一方面在于获得了疫情中的补偿性投资。

“补短板”和“锻长板”是我国提高产业链和供应链的稳定性增强其竞争力的两大有效手段。从“补短板”上来看，我国需要提升整体的技术水平，尽早弥补高端产业链、供应链中的短板，通过关键技术攻关加强各个薄弱环节。从“锻长板”上来看，我国要提高自身的技术创新能力，不断提高产业链的附加值，充分发挥原有技术特长，积极参与全球产业链的竞争与合作。

二、中国加快构建本土科技供应体系

随着全球供应链的不断收缩，各国贸易限制频繁发生，特别是在关键原料、设备和技术方面的贸易摩擦尤为突出，这严重影响了中国上游原料和技术的供应。2018年以来，美国对中国采取了一系列的贸易限制，不仅提高了关税壁垒和商品贸易限制，还加大了对我国的技术出口限制，这严重扰乱了世界贸易的秩序，影响了世界贸易的平衡。

目前，我国在许多领域的关键设备和原材料需要依赖国外进口，而对外依赖程度较高会给我国产业发展安全留下巨大隐患，因此，我国要加快关键技术的自主研发，提高本土的科技供应。随着我国工业体系的不断发展，我国在光伏、电动汽车、数字支付、高铁等领域取得了国际领先地位。同时，我国企业在本土市场中的份额也大大提高，约占90%。但是，我国本土企业在国内半导体、飞机制造等行业所占份额较小，对外技术依赖程度较高，比如硅片、光刻胶等用于芯片制造的原材料95%来源于国外进口。

随着全球科技供应链的不确定性加大，我国政府正大力制定一系列的政策用于支持国内产业发展。这些政策不仅支持“从0到1”的基础研究，同时也支持核心技术、关键技术的突破。2018年以来，我国中央政府大大提升了对关键技术、核心设备的重视程度，为了解决相关领域的“卡脖子”问题，各部门在支持科技创新的同时，也在积极促进核心技术的攻关突破。2019年，我国的研发投入增长了15%，其中近三成投向基础研究领域，与此同时，国家级产业基金也加大了对重点材料、关键设备等领域的支持。2020年3月，以科技部为首的各部委联合发布了《加强“从0到1”基础研究工作方案》，主要强调了多个领域的核心技术突破，其中既包括推动基础材料的关键技术突破，也包括先进电子材料和高端医疗装备等重点领域的关键技术突破。

自2015年起，我国不断增强对半导体、高端装备等核心技术的政策支持，并加快推进了本土供应链的构建。自《中国制造2025》出台以来，我国明显提高了对高端装备制造、新材料等的重视程度，一方面通过产业政策给予新经济发展以资金上的支持，另一方面通过财税政策给予新经济发展以税收优惠，在多种政策的合力支持下，新经济发展实现了稳步提升。在金融政策支持下，我国高技术企业的融资成本不断降低，融资渠道日益丰富。例如，在政策引导下，战略性新兴产业可以通过银行、保险等渠道实现融资，同时科创板也为新兴产业提供了直接的融资渠道。通过政策形成合力既可以使关键技术研发不断增长，又可以推进构建本土供应链，还能够提升高新技术产业对经济的贡献值，可谓一举多得。

新一轮科技革命带来了新的历史机遇。不管现在还是未来，我们都要紧抓这一历史机遇，在外循环中减少对国外关键技术的依赖程度，在内循环中打造“基础研究—科技转化—商业应用”的创新体系。在数字化经济时代，中国产业需要进行数字化转型，培育新一代数字化生产方式，并建立三重优势，即大规模生产优势、创新力生产优势和精细化生产优势。中国要以完备的产业链条为基础，利用工业互联网技术改造产业供给侧，打造数字化产业，要从原来的低端制造、低附加值生产向高端制造、高附加值生产转型，实现制造业的精细化升级，让“中国制造”变成“中国创造”。

新基建：引领第四次工业革命

新基建是数字经济的支持，是智能经济的支撑，也是生命经济的支撑，可以毫不夸张地说，它是人类未来文明的技术支撑。新基建一方面能够带来巨大的投资需求，另一方面也能产生不可估量的叠加效应和乘数效应。其所带来的投资需求可高达几万亿甚至几十万亿元，例如，数字经济产业化、传统产业数字化、研发创新规模化等可产生叠加效应和乘数效应。

一、推动数字经济产业化

新基建涉及多种信息基础设施，包括大数据、云计算、区块链、物联网、5G网络、人工智能等。这些信息基础设施能够带来巨额的投资。据相关预测，我国5G商用在2020—2025年能带动10.6万亿元经济总产出，直接创造3.3万亿元的经济增加值。我国构建的5G基站能达到500万～600万座，以每座20万元成本计算，总投资规模将达到万亿元。

目前，国内各地正在加快建设数据处理中心，据相关统计，2019年，全球正在建设的大型数据处理中心达到180个。一般来说，一个大型数据处理中心的服务器规模可达到10万台以上，这就意味着2019年全世界正在建设的服务器至少为1800万台。

我国计划在未来五年内新增建设1000万台服务器，用以组建数据处理中心。如此庞大数量的服务器也会带动大量机房、电力等基础设施的建设，预计将能带动相关投资1万亿元。在物联网方面，我国计划在未来五年内至少建成30亿～50亿台终端联网，形成真正意义上的万物互联，同时带动投资2万亿～3万亿元。另外，人工智能、区块链等方面的基础设施建设也能带来万亿级的投资。对此，我们建议参照高新技术企业享受的税率标准，只对新基建投资和运营企业征收15%的所得税。

二、助推传统产业数字化

产业互联网的定义是：利用数字技术使产业各要素、各环节实现数字化和网络化，进而推动业务流程的重组和生产方式的变革，并最终形成产业协作、资源配置和价值创造的新型体系。

目前，在世界范围内，万亿美元级产业集群共有60多个，它们都能够与数字技术相结合，实现数字化转型。据相关测算，如果将数字技术引入航空、电力、医疗、铁路、油气五个领域，实现这五个领域的数字化转型，同时假设数字技术只能使这些领域提高1%的效率，那么在15年内可为这五大产业节约近3000亿美元的资金，这就意味着这五大产业平均每年可避免200亿美元的不必要支出。假设数字技术能帮助这些产业拓展10%的价值空间，那么每年至少能为它们多创造2000亿美元的价值。

目前，我国消费互联网市场只能容纳寥寥几家万亿级的企业，而未来的产业互联网市场则可能容纳几十甚至上百家万亿级的企业。因此，产业互联网市场是一片巨大的蓝海市场，能够衍生出更多高价值的数字企业和互联网企业。

三、完善中国创新体系，引领第四次工业革命

近年来，我国的创新能力不断提升，特别是在5G领域拥有绝对话语权。凭借5G技术，我们不仅能参与到第四次工业革命之中，甚至能引领第四次工业革命。但是，我们也必须看到自身的短板。不可否认，

我们的基础研究能力远不及国际先进水平，因此要在这一方面进一步提升实力；同时，我们还面临着创新体系不完善的短板，因此要积极探索新型举国体制，营造大规模创新研发的环境。

在新冠肺炎疫情的冲击下，全球经济受到重创。如何走出危机？如何在疫情威胁下赢得主动？唯有科技创新才是治本之道。

我们要加快新基建建设，特别是高科技领域的创新基础设施建设，比如大科学装置、大试验平台等；与此同时，还要深化科技创新体制改革，打造融合性协同创新体系，如将基础研究、区域创新、开放创新、前沿创新等相融合的协同创新体系。这样一来，一方面可以进一步激发社会创新动能，另一方面也有助于引领第四次工业革命。

第三部分

国内国际双循环相互促进

第7章

构建更高水平的开放型经济新体制

更高水平开放型经济新体制

2017年10月，中国共产党第十九次全国代表大会在北京召开，选举产生了以习近平同志为核心的新一届中共中央领导。此后，党中央对我国面临的经济、政治形势进行综合分析，提出对内释放经济潜力、对外改革开放相互促进，“引进来”“走出去”相结合，促进各类生产要素在国际、国内自由有序流动，促使各项资源实现高效配置，促使国内、国际市场深度融合，加快培育新的竞争优势，以更好的姿态参与甚至引领国际经济合作，创建互利共赢、多元平衡、安全高效的开放型经济新体制。

2019年10月，党的十九届四中全会召开，提出要加快完善社会主义市场经济体制，完善科技创新体制机制，建设更高水平的开放型经济新体制。

近年来，我国与国际社会交互的紧密度达到了空前的高度，国际与国内经济联动对我国经济发展的各个环节都产生了影响。想要统筹国际、国内发展，对国际、国内市场与资源进行优化利用，必须在巩固经济发展优势的基础上，进一步扩大对外开放领域，加大对外开放程度，探索对外经济合作的新模式、新体制、新路径，立足于我国国情，综合考虑国际规则，创建更高水平的开放型经济新体制。

其中，创建更高水平的开放型经济新体制有两层含义：第一，“更高水平”指的是要形成“更大范围、更宽领域、更深层次”的开放格局；第二，“经济新体制”指的是综合我国国情与国际形势，进一步完善社会主义市场经济体制和科技创新体制机制，建立与国际贸易相契合的经济新体制，积极参与完善全球经济治理体系，并在其中发挥积极的推动作用。

一、更高水平的开放程度

更高水平的开放程度，具体来说就是一方面要扩大对外开放的范围、领域与层次，另一方面必须保证对外开放的质量、效率与效益，从技术、标准、品牌、质量、服务等领域入手加快培育新的竞争优势，提升我国的国际影响力与国际竞争力。目前，为了构建更高水平的开放格局，我国采取了以下措施：

（1）加快打造对外开放新高地。随着对外开放程度不断提升，我国必须创建更优质的开放平台，例如自由贸易试验区、自由贸易港等，以会聚海内外人才开展国际创新协同。在自由贸易试验区建设方面，2017—2018年，国务院批复的自由贸易试验区达到了18个，加大自由贸易试验区的改革自主权、探索自由贸易港建设路径，成为我国进一步扩大改革开放、提升改革开放水平的重要举措。

（2）加快优化对外开放区域发展布局。随着“一带一路”建设、西部开发开放等倡议逐步落地，我国西部开放格局焕然一新。过去，我国西部地区属于内陆腹地；现在，在各项政策的支持下，西部地区已经成为面向泛欧泛亚的开放前沿，对“陆海内外联动、东西双向互济”新开放格局的形成产生了积极的促进作用。需要注意的是，优化对内对外开放格局是构建全方位开放格局的必要举措，经济提质增效是提高我国经济开放水平的重要措施。

二、持续创新的经济体制

想要构建高水平的开放型经济新体制，必然要做好经济体制创新。随着全球价值链、供应链深入发展，我国一方面要发挥社会主义制度优势，另一方面要加快完善社会主义市场经济体制，充分发挥科技创新机制对实体经济的引领作用，探索建立既符合我国国情，又契合国际投资贸易规则，并且有利于实现合作共赢的对外开放新体制、新模式、新路径。

经过多年的探索与实践，我国经济体制改革已经取得重大进展，具体分析如下：

（1）我国供给侧结构性改革取得了显著成绩，供需结构更加平衡，市场在资源配置中所起的作用越来越重要，相关机制正在稳步形成。

（2）随着“简政放权、放管结合、优化服务”的“放管服”改革不断深入，我国逐渐形成法治化、国际化、便利化的营商环境和公平、统一、高效的市场环境。根据2019年世界银行发布的《全球营商环境报告2020》，在世界范围内，我国营商环境排名跃居第31位，相较于2018年上升了15位。

（3）随着国有企业、国有资产改革持续推进，即便面临的竞争形势非常严峻，国有企业也实现了发展壮大。根据2019年美国《财富》杂志公布的数据，中国石化、中国石油和国家电网等国有企业的营收再创新高，充分展现出我国国有企业的活力与竞争力。

我国开放型经济体制的三次转型

从1978年至今，我国开放型经济体制经历了三次转型：第一次转型是从“国家统制型保护贸易”到“政策引导型”开放；第二次转型是从“规则跟随型”开放到“规则适应型”开放；第三次转型是从“商品和要素的流动型”开放到“制度型更高水平”的开放。

党的十九大以来，我国对外开放经济体制进入第三次转型阶段，其最终目的是要形成一个全面开放的新格局。党的十九届四中全会对这一目标做了进一步解释：“建设更高水平的开放型经济新体制，即实施更大范围、更宽领域、更深层次的全面开放。”

一、更大范围的全面开放：从局部开放到全方位开放

“更大范围”的全面开放指的是优化空间布局，形成“陆海内外联动、东西双向互济”的开放格局。

对内，我国要改变“东快西慢、沿海强而内陆弱”的开放格局，形成“沿海、沿边、陆地”同时开放的新局面，让各地区将自身的优势充分发挥出来，实现协同发展。具体来说，要做到以下三点：

第一，沿海地区实现更高水平的对外开放，产业结构持续升级，不断提升创新能力。同时，政府要发布相关政策或文件，推动东部沿海地区以及全国特大城市的制造业转型升级，进一步提升服务业与金融业的开放程度。

第二，内陆地区的发展需要东部地区发挥产业辐射作用推动相关产业实现梯度转移，中西部地区要充分发挥自身的资源、交通等优势，打破传统的产业结构，发展现代制造业。随着基础设施建设不断完善，沿江通道、中欧班列及西部陆海通道相互融合，“一带一路”互联互通的核心建设将逐渐实现，内陆地区内外市场的开放程度将得以进一步

提升。

第三，据统计，我国沿边地区与国际边界紧密相连的陆地边境县共有136个，这些地区经济社会的发展既受邻邦经济、政治等外部因素的影响，也受本地经济基础、政策体系、体制机制等因素的影响。随着“一带一路”建设不断推进，我国将与周边很多国家建立合作关系，在此形势下，沿边地区将扮演“中介”这一角色，沟通内外。所以，在未来的发展中，沿边地区要紧抓机遇，对内加强与腹地的联系，对外提高开放水平，加大与周边国家的合作力度，实现深度融合。

对外，随着改革开放稳步推进，国际国内形势持续变化，我国需要改变对外开放的形式，在面向发达国家开放的同时也要注重对发展中国家开放，扩大与各国的利益交汇点。改革开放初期，因为我国亟须从外部引入资金、先进的技术与管理经验，所以对外开放的重点聚焦在发达国家。

但近年来，国际形势发生了巨大变革，我国面临的外部挑战不断增多，美国、欧洲国家等主要经济体需求乏力，一些国家推行保护主义，中国与发达国家之间的竞争加剧。在此形势下，我国在面向发达国家开放的同时，也要面向发展中国家开放，例如借助“一带一路”与沿线国家形成产业优势互补，不断调整我国的外贸结构，加快动力转换，创造更多条件助力外贸行业发展，形成全新的开放格局。

二、更宽领域的全面开放：从制造业开放到服务业开放

“更宽领域”的全面开放需要做到以下两点：第一，扩大对外开放领域，进一步提升制造业、服务业的开放水平。第二，转变投资方式，营造良好的投资环境，鼓励外商“引进来”，优质企业“走出去”，持续创新对外投资体制机制。

在扩大对外开放领域方面，首要措施就是推动制造业、服务业进一步提高对外开放水平。制造业是外商投资的重点行业，想要全面放开必须建立“准入前国民待遇+负面清单”制度，减少制造业领域外商投资准入负面清单的数目，引导外资将投资重点放在高端制造、智能制造、绿色制造等领域，借外资的力量推动我国制造业实现高质量发展。

提高服务业的开放水平，不仅可以优化产业结构，创造更多就业机会，而且可以不断提升国内服务业的发展水平。我国服务业的对外开放需要循序渐进，先推动金融业、信息传输与计算机软件业、交通运输业等现代服务业对外开放，再慢慢开放其他产业。相较于制造业来说，服务业对外开放的危险系数相对较高，因此，相关机构需要参考国际标准对我国服务业的相关制度进行优化改进。

在转变投资方式方面，要响应党的十九大提出的“坚持引进来和走出去并重”的理念，既要鼓励外商“走进来”，又要鼓励国内企业“走出去”，实现引进外资与对外投资的“双轮驱动”。

一直以来，外商投资都是我国国内产业发展的非常重要的驱动力。

新时代的改革开放不仅要吸引外商直接投资，优化调整外商的投资结构，而且要适当调整对外直接投资。国内企业“走出去”有很多好处，例如可以转移过剩产能、调整产业结构、突破贸易壁垒等。因此，政府要鼓励国内具有国际竞争力的企业根据自身实力，结合对国内外的市场的充分考虑，进行境外投资，谋求合作发展。

三、更深层次的全面开放：从“边境开放”到“境内开放”

“更深层次”的全面开放指的是做好规则等制度型的“境内开放”，积极参与贸易规则的制定，在全球经济治理中扮演重要角色。

在提高开放水平方面，要做好规则等制度型的开放。现阶段，我国提升对外开放水平的重点仍要放在推动商品及要素的流动性开放方面，但未来，想要进一步提高对外开放的水平，就要做好规则等制度型的开放。

一般来讲，商品和要素的流动型开放被称为“边境开放”，规则等制度型的开放被称为“境内开放”。目前，我国对外开放仍存在一些壁垒，包括关税壁垒、非关税壁垒等，所以“边境开放”水平仍有提升的空间。但因为缺乏创新，而且国际形势动荡，旧有的国际贸易规则即将被打破，新的国际贸易规则呼之欲出，传统的“边境开放”已经无法适应新形势下经济全球化的需要，所以需要积极推进“境内开放”。

在全球治理方面，中国要积极参与国际贸易规则的制定，从“跟随者”转变为“制定者”。一直以来，随着多边贸易体制不断推进，我国获得了诸多益处。但目前，区域主义经济是制定国际贸易规则的重要平台，中国推行“境内开放”不应该单向地接受现有国际贸易规则，而是要在国际贸易规则制定中发挥积极作用。因为现有国际贸易规则都是由美国、欧洲国家等西方发达国家制定的，其主要目的在于为自身谋取最大化的利益，对发展中国家甚为不利。

作为发展中国家的重要一员，中国应该积极参与国际贸易规则的制定，为发展中国家在国际分工中谋求更有利的地位。为此，中国要发挥各项优势创建开放合作的新平台，与其他国家签署自由贸易协定，在不违背国际规则的前提下制定更高水平的贸易规则。同时，中国要努力推进“一带一路”建设，为我国参与国际贸易规则制定、在全球经济治理中担任重要角色谋求更多有利条件。

开放型经济新体制的构建举措

我国经济想要实现跨越式发展，必须坚持对外开放的策略不动摇，而且要不断提升对外开放的水平。当前，我国面临着百年未有之大变局，新冠肺炎疫情结束后国际秩序必将重塑，国际经济贸易规则也将重构，我国要以积极主动的姿态参与其中，实行更加主动的对外开放战略，与国际高标准的市场规则对接，构建更高水平的开放型经济新体制，倒逼国内改革、发展与创新。

一、全面对标国际高标准市场规则体系

自改革开放以来，我国始终坚持“对外开放”的基本国策，紧抓经济全球化带来的重大机遇，积极融入国际生产体系，对国内、国际两个市场、两种资源进行充分利用，促使经济发展水平不断提升，积极创造更多国际竞争优势，在国际贸易投资体系以及全球价值链中占据了非常重要的位置。

党的十八大、十九大均提出要进一步扩大对外开放，构建更高水平、更大范围的对外开放格局，具体表现为以下三点：第一，开放范围从东部沿海不断向西延伸，积极构建对外开放新格局；第二，从要素开放转向制度型开放，进一步提高对外开放水平；第三，从履行加入WTO的承诺转向主动开放，通过主动开放获得经济发展的主动权，获得参与国际竞争的主动权。

2020年5月18日，中共中央、国务院印发了《关于新时代加快完善社会主义市场经济体制的意见》(以下简称《意见》)，首次提出与国际市场规则体系对接，实行更加积极主动的开放战略，彰显我国推行更高水平开放的立场以及维护经济全球化趋势与开放型世界经济的决心。在国际、国内形势动荡不安的当下，《意见》的发布不仅回应了外部的各种质疑，也坚定了各方的信心，为我国“构建更高水平的开放型经济体制”指明了方向。

二、对标国际经贸规则新趋势

为了应对新时期的种种挑战，保持深化改革、扩大开放的路线不动摇，以习近平同志为核心的党中央做出了建设自由贸易试验区的重大决定，其中，习近平总书记亲自规划、推动了海南自贸港建设，为自贸区、自贸港建设做出了有益示范。《意见》也明确了建设三大开放高地的着力点，具体分析如下：

第一大高地：全国自由贸易试验区。《意见》强调要积极进行制度创新，主动推广改革成果，与高水平的国际经贸规则对接，加大压力测试力度，为提高对外开放水平、扩大对外开放范围探索新路径、积累新经验。

第二大高地：上海自由贸易试验区临港新片区。《意见》指出要赋予临港新片区更大的自主管理权，促使临港新片区实现自主发展、自主改革、自主创新，建立一个更具国际市场竞争力、影响力的特殊经济功能区。

第三大高地：海南自由贸易港。《意见》指出要解放思想、大胆创新，做好制度集成创新，与国际高水平的经贸规则对接，以更高的质量和标准建设开放水平更高的中国特色自由贸易港，做好风险防控体系建设，推动海南自由贸易港建设稳步前进。

三、加快推进制度型开放

各国以何种姿态参与国家分工与利益分配，在很大程度上取决于规则。我国要提高对外开放水平与层次，必须改变过去商品和要素流动型开放模式，转向规则、制度、标准等的制度型开放。

近几年，欧美等西方发达国家正在试图打破原有的经贸规则，构建一种全新的规则。而新冠肺炎疫情的暴发又给国际经济、政治秩序造成了极大的冲击，导致国家间的关系发生了巨大变革。在此形势下，各个国家开始在全球范围内寻求合作，同时开始完善自己的产业链，导致国际市场竞争的激烈程度进一步提升。未来，新的国际经贸规则诞生，可能会强化以下五大趋势：

（1）西方发达国家作为国际经贸规则制定的主要参与者，可能会以“公平贸易”为借口让国际贸易规则为自己服务，体现自身的意愿，满足自己的利益诉求。

（2）贸易投资政策的双重性进一步增强。“双重性”指的是一些国家在推出招商引资的优惠政策的同时，推出一些限制性政策，例如以维护国家安全为由限制外资进入关键技术、关键基础设施等领域，触发“安全审查”的门槛越来越低。

（3）贸易领域的政策分化趋势将进一步增强。随着新的国际贸易规则诞生，各国有可能更加注重国际贸易的便利化，但因为部分国家大力推行贸易保护主义，再加上国家间的贸易摩擦频繁发生，有可能导致全球关税水平进一步提升，非关税壁垒进一步强化。

（4）有共同利益、共同诉求的国家可能加强双边或者多边谈判，构建区域规则，从而产生更强的排他性。

（5）部分国家可能通过对国内法进行修改向国际规则延伸，从而进一步推进制度强化。

近年来，我国一直坚持维护多边贸易体制，积极推动多边贸易体制健全完善，积极构建面向全球的高标准自由贸易区，积极参与国际宏观政策协调。《意见》在此基础上提出了更高的要求，体现了我国的大国责任。《意见》指出，随着经济全球化不断推进，各国之间的经济交流越发密切，为了遏制保护主义盛行的趋势，我国必须坚定信心，维护开放型的世界经济，加快推进制度型开放，在开放的环境下开展创新，谋求发展，参与国际竞争与合作，维护世界经济稳定，为应对更恶劣的外部环境、更复杂的国际形势、更严峻的国际挑战做好准备。

四、注重统筹推进、协同保障

想要形成更高水平的开放型经济新体制，不仅要妥善处理日益严峻的国际形势带来的各种挑战，还要应对改革持续深入遇到的一系列问题，在制度创新过程中，政府需要统筹各方力量攻克各种难关。

（1）推动对外开放与各行业的市场化改革相互促进，在制度创新的过程中要坚持系统性、协同性和集成性相统一。

（2）对开放与安全之间的关系进行优化，既要坚持“只有管得住才能放得开”的理念，也要认识到“只有开放竞争才能获得真正的发展与安全”。

（3）建立完善的政策法规体系，建立容错机制，为改革创新提供翔实可信的法律依据，鼓励试点地区大胆改革。

为了构建更高水平的开放型经济新体制，《意见》提出“要健全重大改革特别授权机制，对涉及调整现行法律法规的重大改革，按法定程序经全国人大常委会或国务院统一授权后，由有条件的地方先行开展改革试验和实践创新。健全改革推进机制，注重发挥各部门、各地方改革开放的积极性和创新性。在各类开放平台的先行先试过程中，将顶层设计与基层探索结合起来，注重建立央地统筹、跨部门跨地区的协作机制，切实加大压力测试力度，确保各项举措有效实施”。

“逆全球化”下的中国方案

目前，全球经济受到疫情的强烈冲击，同时，全球贸易保护主义、单边主义迅速抬头。在这样的大背景下，国内经济形势也愈加严峻。但是，越是有困难，我们就越是要保持开放，甚至要在国际形势动荡时扩大开放。我们要在不确定的变局中开出新格局：面对“逆全球化”，我们要以高水平的开放予以反制；面对“撤资论”，我们要以改善营商环境予以反制；面对“脱钩论”，我们要以超大市场的吸引力予以反制。总之，为促进我国经济的进一步发展，我们要加快形成国际经济大循环。

一、加快引资补链、扩链、强链，为全球提供稳定高效的产业链、供应链

在经济全球化背景下，资金的全球性流动已经成为不可违逆的事实。

就目前全球疫情形势来看，我国在疫情控制方面已经做出表率。我国是疫情控制最好的国家之一，同时，正是因为在疫情控制上的出色表现，我国也成为目前全球投资风险最小的国家之一。因此，只要我们坚持开放政策，不断扩大开放，就能吸引足够的产业资本进入我国市场。这不仅能打消一些外资转移产业的念头，还能迅速帮助我国实现产业链的“补链”“扩链”“强链”。

2020年6月23日，经中共中央办公厅、国务院批准，《外商投资准入特别管理措施（负面清单）（2020年版）》正式对外发布，并于2020年7月23日开始施行。其中，外商投资准入负面清单和自由贸易试验区外商投资准入负面清单的条项都有所减少，前者从原来的40条减至33条，后者从原来的37条减至30条。在金融领域，我国取消了部分企业的外资股比限制，比如我国不再限制证券公司、期货公司、寿险公司、证券投资基金管理公司的外资股比；在制造业领域，我国也不再限制外商对商用车制造的投资股比；在农业领域，我国原来的政策是在小麦新

品种的选育和生产方面必须由中方控股，目前这一政策已经放宽，转变为中方股比不低于34%。充分利用好这些政策措施，就能够在全球经济发展陷入颓势时抓住新的机遇，为我国产业链的“补链”“扩链”“强链”创造有利条件。

为此，我们建议进一步扩大服务业的开放，如扩大物流、研发设计、数字经济等领域的开放，不断引进外资，吸引外企落户，形成区域产业链集群，打造战略性新兴产业链集群。这些产业链集群需要具备以下特点：一是在空间上高度集聚；二是上下游紧密协同；三是供应链集约、高效；四是规模达到万亿级。

这样的产业链集群可以应对各种变化，比如在国外市场疲软时，通过刺激当地需求和国内需求，形成国内产业小循环；当国外需求复苏时，通过扩大产业集群规模，提高产业集群发展质量，加强区域产业链合作和国际合作来形成全球产业链大循环。

二、稳步降低关税水平，适度增加进口，提升我国在世界经济舞台上的话语权

不难发现，不管是出口大国还是进口大国，往往都是经济强国。对于出口大国来说，其所出口的大量产品通常是劳动密集型和初加工型的产品。对于进口大国来说，进口外汇有可能产生于技术贸易顺差和服务贸易顺差，其货币通常已经纳入IMF SDR货币篮子，可以与各国直接结算。

针对这些情况，若我国在未来3～5年内逐渐降低关税水平，将关税从7.5%降到5%，基本保持与发达国家一致。这样做主要有以下好处：

- 首先，这样做能够有效降低企业的进口成本，既能够促进国内产业转型升级，又能够为群众消费带来实惠。
- 其次，这样做有利于促进进口贸易，实现进出口平衡和国际收支平衡。
- 最后，这样做可以扩大进口规模，帮助我国在新一轮经贸谈判中占据主动权，在世界经济舞台上获取话语权。

三、抓住机遇加快FTA谈判，积极参与国际经贸规则谈判和制定

2020年7月1日，美加墨协定正式生效。为了削弱我国在全球贸易和产业供应链中的地位，美国、加拿大和墨西哥三国制定了针对我国贸易的“毒丸条款”。在该条款生效之后，美国很可能会继续与欧盟、英国、日本等达成类似的自由贸易协定。虽然美国想要在贸易上对我国形成围追堵截之势，但是在经济全球化、贸易自由化的今天，其阴谋必然不会得逞。

目前，欧美各国正陷入新冠疫情的危机之中，而我国已经基本控制

住疫情，经济运行正有序恢复。因此，我国要抓住当前经济复苏的机遇，加快中日韩贸易合作关系、区域全面经济伙伴关系、中欧双边投资协定、中英双边投资协定的谈判，适时启动或加入《全面与进步跨太平洋伙伴关系协定》谈判。有效促进这些谈判可以为我国带来两大好处：一是能够帮助我国打破美国的孤立和“去中国化”图谋；二是能够通过自由贸易规则将这些国家和地区的科技、资本、产业和人才引入国内，不断完善我国的产业链、供应链和价值链，提升各链条的韧性和竞争力，加强各国经济与我国经济的联系，建立经济互信和牢不可破的合作关系。

第8章

“一带一路”：重塑全球经济贸易格局

“一带一路”：重构全球贸易体系

早在2013年，习近平总书记就提出了丝绸之路经济带和“21世纪海上丝绸之路”的倡议。“一带一路”涵盖的内容极广，其中，“贸易畅通”是最重要的部分，能够对我国及其他沿线国家的贸易格局产生重大影响。

“一带一路”倡议在国际社会中引发了广泛热议，并获得了许多国家政府的认可与支持。在我国经济进入转型关键时期的当下，推进区域经济发展的重要价值被提升到了新的高度，而拓展新丝绸之路（包括丝绸之路经济带与21世纪海上丝绸之路）成为我国开展国际贸易的重要途径。

在世界经济全球化浪潮的冲击下，我国能够和区域内的国家及地区进行战略合作，共同推进新丝绸之路的建设与完善，将会为区域经济发展注入源源不断的活力与发展动力。

◆建立一个跨洲合作贸易区

“一带一路”的发展方向绝不是简单的国家间的交流合作，而是要利用丝绸之路经济带将中亚、东亚、欧洲连接起来，以中国为核心构建一个强生态圈，让原本没有直接经济来往的国家可以通过中国实现交流、合作，从而构建一个跨洲自由贸易区，建立全新的经济秩序。借助综合交通通道，以沿线交通基础设置与中心城市为依托，重新整合、配置区域内的贸易要素及生产要素，最终推动区域经济一体化有序实现。

打造新丝绸之路并不是简单的口号，也不是仅为了加强与区域内的国家及地区间的交流合作，更为深层次的战略意义在于，充分利用建设新丝绸之路这个契机，来重新打造亚欧经济发展新秩序。

作为丝绸之路经济圈的核心，中国将充分利用自身的强大能量，与因缺乏贸易渠道等因素而未能开展贸易往来的国家进行无缝对接，在各参与方的共同努力下，在亚欧大陆上打造一个全新的自由经济贸易区，从而通过资源互补，实现多方共赢。

交通线路规划无疑将在其中扮演十分关键的角色，引导并支持周边国家基础配套设施建设。与此同时，还要提升中心城市的规划水平，在城市资源优化配置等方面，投入大量资源与精力，最终实现经济发展一体化的目标。

◆增强国家经济实力

在推进21世纪海上丝绸之路建设的过程中，不断巩固上海作为其经济贸易中心的地位，推动我国与周边国家构建一个统一的经济中心，建立一个互利共赢的利益共同体，并使其能够长期稳定地为参与建设的各个国家提供政治、资金、人才等诸多方面的支持，确保各参与国家经济稳定发展。与此同时，有效加强与各参与国家的交流合作，拓展贸易活动的深度及广度，为亚欧自由经济贸易区的落地打下坚实的基础。

我国推进“一带一路”建设不仅有经济方面的考虑，还有军事层面的原因。中国内陆向西开放构建陆路丝绸之路的一大目的就是深入中亚和中东，获取丰富的能源，同时实施货币互换策略，摆脱对美元的依赖，降低美元在世界经济贸易中的地位。面对美国在东部的封锁与威逼，我国只能一边在东部牵制，一边向西推进，通过陆路丝绸之路与海上丝绸之路的构建实现大国崛起，突破美国的封锁，打破美国的霸权主义。

借丝绸之路经济带推动上海合作组织实现战略升级，使其演变为成员国命运共同体与利益共同体，成为成员国谋求稳定与发展的重要保障，以推动区域内各国密切合作、共谋发展，进一步推进区域经济一体化建设，重构亚欧大陆的经济格局。

◆构建中国发展新空间

在中国经济发展水平不断提升的基础上构建新的发展空间，为中国经济发展拓展新的市场，推动相邻区和延伸区不断发展。新丝绸之路经济带就是在这种战略设想下构建起来的。借助丝绸之路经济带，我国可形成对外开放的新格局，进一步推动“西部大开发”战略实施，促使产业结构转型升级，为企业“走出去”平添助力。更重要的是，新丝绸之路经济带的建设能有效破除“马六甲”困局，为国家能源安全和战略物资安全提供有效保障。

新丝绸之路建设能够为我国经济转型保驾护航，有效提升我国的综合国力，并有助于周边国家及地区的经济发展。更为关键的是，丝绸之路经济带与21世纪海上丝绸之路沿线各国家及地区的经济发展，将会为我国的改革开放提供新的发展方向。

尤其是为资源、气候、环境等条件所限制，长期未能得到深度发展的西部地区，将随着“一带一路”的落地而取得长足发展。这对于加快我国经济转型的进程，打破我国在国际贸易中遇到的“马六甲”交通限制等发展困境，具有十分深刻的意义，毋庸置疑的是，我国的经济发展也将因此而获得广阔的想象空间。

“一带一路”的“五通”目标

习近平主席于2013年9月在土库曼斯坦、哈萨克斯坦、乌兹别克斯坦、吉尔吉斯斯坦进行了为期10天的国事访问，并在上海合作组织比什凯克峰会上发表重要讲话，在讲话中强调，要通过改革合作模式发展

“丝绸之路经济带”，加强政策沟通、设施联通、贸易畅通、资金融通和民心相通，即“五通”。这五个方面的建设与发展，能够以局部带动整体，促进整个区域在各个方面的合作与发展。

2015年3月，国家发展改革委、外交部、商务部共同推出《推动共建丝绸之路经济带和21世纪海上丝绸之路的愿景与行动》，将“五通”作为“合作重点”的主要内容进行了详细解读，这篇文章以该方针为依据，对“五通”进行简要梳理与分析。

◆政策沟通

要促进“一带一路”共建，就要注重政策沟通。为政府间的政策沟通提供机制保障，找到合作双方的利益共同点，在政治方面取得对方的信任，促进双方之间的合作。对于同一政策，不同国家的解读可能不同，“一带一路”沿线国家和地区之间可以针对相关问题展开讨论，积极参与区域合作计划的制订，共同克服合作过程中出现的阻力，根据具体项目的发展需求制定相关的政策制度。

◆设施联通

在“一带一路”建设及发展过程中，参与主体要将基础设施联通工作放在前端。沿线国家应该遵循国际统一规范，制定基础设施建设规划，推行国际化统一技术标准，联手建设关键性国际通道，通过完善基础设施网络，促进亚欧非国家之间的顺畅沟通。在具体建设过程中，要注重资源节约与环境保护，并根据天气情况合理安排工期。

对基础设施中的骨干通道、核心工程等进行准确定位，完善关键路段的交通，解决之前存在的交通问题，加强安全防护设施的建设，采用先进技术及设备优化交通管理，促进交通畅达。强化对全程运输的管制，简化国际通关手续的办理流程，促进不同运输方式之间的快速转换，建立适用于多个国家的运输规则，促进不同国家之间的运输贸易合作。完善口岸基础设施及配套设施，开通更多海上航线，利用海上交通促进国际物流及贸易的发展。注重航空基础设施的建设与完善，为国际民航合作提供统一服务平台。

注重建设及完善能源基础设施，定期检查能源运输通道，发现问题后及时解决，为国家之间的能源调度提供基础设施保障，促进区域内的能源合作。

完善跨境通信网络设施，实现不同国家之间的快速信息传递，为“一带一路”的实施提供保障。为了促进合作国家之间的信息互动，要加快建设跨境电缆、海底光缆等通信设施，扩大卫星信号的覆盖面。

◆贸易畅通

在实施“一带一路”的过程中，要大力发展投资贸易合作，为此，要不断简化投资流程，降低投资参与要求，放宽限制，促进区域内及不同国家之间的投资贸易合作，联手“一带一路”沿线国家，创办自由贸易区，通过加强贸易合作实现共赢。

合作参与国应该促进彼此之间的信息共享，在海关通关方面达成协议，实施严格、统一的检验标准，促进国际性多边贸易协定的执行，对自己的贸易行为进行规范，为国际贸易的发展作出贡献。完善边境口岸的基础设施建设，简化边境口岸通关流程，减少企业在通关环节的成本消耗。在供应链层面促进参与者之间的合作，建立统一的检验标准及数据库系统，并扩大其实施范围，促使更多国家认可该标准。减少非关税因素的限制，通过实施公平的贸易政策及措施，促进国家之间的自由贸易。

扩大贸易范围，改革传统贸易体制，促进企业内在贸易潜力的发挥。突破传统思维的束缚，为新兴商业业态的发展提供支持。完善贸易服务机制，促进传统贸易行业的转型与升级，不断提高整个行业发展的现代化水平。逐步消除投资与贸易之间的行业界限，实现两者之间的协调发展。另外，要降低投资贸易的复杂性程度，促进参与国之间的投资合作，调整、优化相关的税收政策，完善相关法律机制。

在投资合作过程中，不断扩大合作范围，在农业生产、加工、农机设备研发及应用方面联手，利用海洋资源，共同发展水产品加工及贸易、海洋旅游、海洋生物制药等产业，促进相关产业及新兴产业的发展。共同开发传统能源资源，提高资源利用率，减少企业的能源消耗，通过发展新型能源，如太阳能、风能等减轻环境压力，减少环境污染，促进能源转化利用，建立完整的能源加工及应用产业链。大力发展能源加工及应用、能源开发等产业，促进企业在这方面的合作。

大力发展新兴产业，促进企业之间的互动沟通，发挥各自的优势资源力量，集中精力发展新兴产业，为企业之间的投资合作提供有效的机制保障。

对产业链结构进行调整，加强产业链上各个环节之间的合作，形成专业的营销体系，逐步增强产业实力，突出其总体竞争优势。与此同时，要注重相关服务业的发展，在区域内形成一定的规模效应。创新投资合作模式，联手打造多样化产业园区，促进跨境经贸合作关系的发展，扩大产业规模。树立正确的价值理念，促进参与主体在各个领域的合作与共同发展，推动“一带一路”建设。

◆资金融通

“一带一路”的实施必然涉及资金融通问题。参与主体应该加强在金融领域的合作，为区域性投资金融体系的发展及运营作贡献，并在交易过程中遵循诚信原则。为不同国家之间的货币互换、结算等提供便利。提高区域债券市场的开放程度。积极参与跨境金融服务机构的建设，促使其扩大服务范围，促进企业、国家的经济发展与合作。建设“一带一路”专项基金，促进不同金融机构之间的沟通互动，实现各个组织之间的金融合作与往来。允许信用度较高的海外金融机构、政府相关部门等在我国开展债券交易。与此同时，我国金融机构及相关部门也可以在国际市场进行债券交易，提高“一带一路”基金的利用率。

共同开展金融监管工作，在合作过程中相互包容、相互体谅，为监管工作的正常实施提供机制保障。通过建立机制体系，正确、有效地处理金融风险，提高风险预测能力，通过促进参与主体之间的交流合作，提高他们的风险抵御能力。鼓励不同国家的监管部门、审核机构就相关问题展开讨论。将专项基金用于建设优质项目，促进各方资金参与到战略实施过程中，避免在发展过程中出现资金短缺问题。

◆民心相通

要推进“一带一路”的实施，就要实现民心相通。为此，要在发展过程中彰显其精神价值，促进沿线国家的文化交流及合作，为人才交流提供良好的环境，使合作双方的人民能够友好往来，从整体上推动国家发展。

促进沿线国家之间的人才交流，为留学生提供良好的条件，比如奖学金、贷款支持等。合作双方联合组织文化活动，如书展、文化年、电影展播等，共同制作、发布影视作品，设计文化精品，积极参与到世界文化遗产的保护工作中。

扩大旅游行业合作范围，共同组织旅游活动，加强活动宣传与推广。设置针对“一带一路”的旅游线路及旅游服务，简化游客办理签证手续的程序，降低他们的时间成本。发展国际邮轮服务及相关旅游产品，与此同时，在体育领域开展合作，助力沿线国家争取到举办世界级体育赛事的名额。

加强在医疗领域的合作，促进沿线国家在疾病防控、医疗技术研发及应用等方面的交流合作，制定应对公共卫生事件的方案。如果合作国面临医疗卫生方面的问题，则应为其提供有效帮助，比如资金、资源、人才方面的支持，联手克服医疗难题，共同致力于传统医药行业的发展。

在技术方面展开高效合作，建设国际性医疗卫生服务机构，培养专业科技人才，联手进行技术研发及应用，促进科技创新与发展，争取获得突破性进展。

促进沿线国家共同组织、创办青年就业、职业培训及其他项目，优化资源的配置及利用，减少资源浪费。

将党政部门作为沿线国家交流及合作的纽带，促进不同国家在政治层面的沟通互动。大力推进城市间的交流，促进国家间建立长期合作关系，并注重后期的维护工作，聚焦于合作国家之间的人文交流，进而促进区域性经济发展，鼓励沿线国家联手进行学术研究，组织论坛活动等。

发挥民间组织的桥梁作用，促进沿线国家之间的良性互动，针对广大民众，在了解其实际需求的基础上，组织、推出公益慈善活动，使“一带一路”的实施成果惠及更多人，进一步提高人们的生活质量与生活水平。促进国家之间的文化互动，通过网络平台，发挥其信息传播功能，为战略实施提供有利条件。

推进“一带一路”建设的路径选择

“一带一路”的实施会受到诸多因素的影响，“五通”的建设与发展也涉及多个方面，参与者要做好各个方面的准备工作。虽然现阶段的“五通”建设取得了明显的进步，但其总体目标无法在短期内完全实现，还要持续付出行动与努力。在具体实施过程中，要采取适当的策略加以推进。要促进“一带一路”建设，加快“五通”目标的实现，就要为参与方之间的交流合作提供有效的平台支持。在这个过程中，各方参与主体应该注重以下五点：

◆要建立相关法律法规，提供法制保障

我国提出的“一带一路”倡议能够在更大区域范围内产生影响，包含更多跨境投资项目，结构不再单一，涉及众多参与方，必须依靠完善的法律体系来维持其正常运转。目前，“一带一路”实施中涉及的国家数量众多，国家所处地区不同，采用的法律体系也不同。各个法律体系之间存在明显的差异，不同国家的国情也会对其法律执行状况产生深刻的影响。部分国家尚未建立起完善的法律机制。为了促进“一带一路”的实施，就要制定国际惯例对不同国家的参与行为进行规范，避免参与方的合法权益受到侵害。

在具体制定过程中，要提高国际惯例的实用性，给行为主体提供切

实有效的指导。要将行业标准、贸易合作、税务办理、保险等都纳入国际惯例中，并从这些方面着手不断完善现有的国际惯例。无论如何，都要为“一带一路”的实施提供法制保障，积极促进不同国家之间的合作，共同组建国际组织，建立国际组织章程，从而提高“一带一路”发展的持续性。另外，法律方面的协作能够有效促进不同国家之间的政策互动，为国家之间的政策沟通提供法律方面的参考。

◆综观全局，提高风险管控能力

在金融服务方面，“一带一路”的发展呈现五个方面的特点：

（1）投资消耗大，存在明显的资金缺口，系统化工程的建设对资金的需求量很大。

（2）工程规模大，周期长，多数项目为基础设施建设，需要进行持续性投资，且难以在短期内产生效益。

（3）覆盖面大，风险高，“一带一路”涉及亚欧非地区的多个国家，而不同国家之间在政治、经济、文化等方面存在明显差异，使不同国家之间的沟通互动面临更多挑战。

（4）沿线国家对“一带一路”寄予很大的期望，希望从“一带一路”实施过程中获益。很多欠发达国家的经济发展水平不高，希望借助此次机会加快自身发展。在参与过程中，沿线很多国家急于投资，并希望从中获得可观的收益，但这种盲目投资会增加投资风险。

（5）回收投资面临诸多问题。国际投资专业人才存在严重短板，缺乏稳定、良好的国际投资环境，不同国家之间存在的政治、文化差异增加了回收投资的难度。

综合考虑这些情况，应该把投资项目进行梳理，分析不同项目的资本组成方式，提前预测其投资风险，根据自身发展需求实施风险管理，推测其运营过程中可能出现的风险，制定有效的应对方案。

◆提高资金利用率，合理安排项目开展次序

“一带一路”的实施能够进一步提高我国对外开放的水平，但这是一种创新式的对外开放。传统模式下，无论是进行货物贸易还是承包工程，只要能够在规定时间内确保质量，就能获得投资回报。如今，贸易双方要保持长期合作关系，通过这种方式降低投资风险。另外，不同于以往的贸易合作，“一带一路”相关的贸易合作涉及多个国家，不同国家之间存在的政治、经济等方面的差异，可能会造成贸易方之间的矛盾与冲突。综合来说，要对不同项目的实施及收益情况进行分析，提高资金利用率，科学安排项目开展次序。在“一带一路”实施的背景下，还要慎重选择合作国家，与部分国家进行重点合作。

◆改革传统金融服务，帮助企业解决资金问题

现阶段下，无论是中国还是其他国家的金融机构所提供的服务，均已经无法满足“一带一路”的发展需求。为此，金融机构要在新时代背景下积极改革原有金融服务体制。为了降低国家和企业在后续发展过程

中面临的风险，应该对“一带一路”的发展需求进行深入分析，对可能产生的风险进行预测，提前准备应对方案。通过完善金融服务，为经济发展的平稳运行提供有效支持。在改革现有金融服务时，应该注重以下几点：

（1）通过优化顶层设计，促进资金资源的合理流动，推动项目发展。

（2）国有银行应该积极参与国际投融资项目，并带动国际资本的参与。

（3）对传统投融资模式进行改革，采用新型投融资方式。

（4）在进行需求分析的基础上，金融机构可以独立创新融资方式，帮助中小企业解决发展过程中存在的资金短缺问题，缓解就业压力；提供多样化支付方式，满足企业新增的金融服务需求；通过网银为企业、个人的跨国交易提供便利，发展离岸金融业务。

◆在合作过程中遵循诚信原则，促进良性竞争

在“一带一路”实施背景下，企业之间要相互尊重，避免恶性竞争。在这一方面，要提高行业协会的管控能力，促进企业各个部门间的信息共享。在具体实施过程中，企业可以通过不同渠道与项目承建方取得联系，也可以在全球范围内进行资源调度，因此，企业必须增强自身实力，减少在高端技术方面对发达国家的依赖，充分发挥自身优势参与国际竞争；金融企业在改革传统业务的同时，要提高资源利用率，遵循

行业规范；科学设置产品报价，尊重自己的竞争对手，凭借硬实力获得发展。

构建“一带一路”合作创新网络

近年来，我国坚持推进“一带一路”建设，持续开展对外开放，且总体对外开放格局逐渐形成五大新特征：

- 以前主要是引进外资，现在是引进外资和对外投资并重。
- 以前主要是扩大出口，现在是鼓励出口和增加进口并重。
- 以前主要是沿海地区开放，现在是沿海地区、沿边地区、内陆城市一起开放。
- 以前主要是《关贸总协定》和WTO框架下的货物贸易，现在是货物贸易、服务贸易共同发展。
- 以前主要是融入和适应全球经济治理体系，现在是积极参与甚至引领国际投资和贸易规则的制定、修订。

我国对外开放格局的这五大转变能够为推进国际经济外循环提供重要基础。

在新冠肺炎疫情的影响下，许多发达国家的经济受到了沉重的打击，同时也严重影响了其产业链和创新链的发展。为避免更多的损失，这些国家大量的新技术、新产品需要走向国际去寻找资本和市场以实现价值转化。而这种趋势对我国来说是一次难得的机遇。我国应该积极抓住当前的这一机遇，扩大对外开放力度，吸引更多的国外新技术、新项目落户国内，与此同时，我们还要将我国的产业链与这些发达国家的创新链进行无缝衔接，从而打造自己的创新链。

对此，我国应采取以下措施：第一，要适当放宽外汇管制，允许各类国内资本收购国外高新技术和战略资产等，同时鼓励民资与国资携手“走出去”，实现跨境合作。第二，要以“一带一路”倡议为引导，针对产业体系健全、创新氛围浓厚、对外开放基础较好的领域建设合作型和创新型示范平台，在保护知识产权和对接创新规则等方面率先进行试验，并在试验成功后再进行复制推广。这样一来，可以实现“一石多鸟”的功效：一是极大地提升产业基础能力和产业链水平；二是能促进“一带一路”高质量发展；三是能有力反制个别国家对我国的“科技脱钩”。

中国政府提出“一带一路”倡议的主要目的在于进一步扩大对外开放，统筹国内国际两个大局，形成“陆海内外联动、东西双向互济”的新格局。根据相关政策与文件可知，“一带一路”倡议的推进需要与18个自由贸易试验区建设相协同，与京津冀协同发展、长江经济带、粤港澳大湾区建设、长三角区域一体化发展、西部大开发、加快振兴东北老工业基地、中部崛起等国家战略深度融合，将各地区的优势充分发挥出来，实现“沿海、沿边、内陆”同时开放，各地区协同发展。

随着“一带一路”不断推进，我国福建、江苏、浙江等沿海城市能够与其他国家围绕人力、金融、信息、服务等资源开展双向交流与互动，不仅可以带动当地的制造业转型升级，而且可以提高当地金融业、服务业的开放程度，使沿海地区的经济发展水平得以进一步提升。河北、河南、湖北、重庆等内陆地区要完善交通设施建设，尤其是航空设施，发挥自身交通的优势，开展国际多式联运，发展联运贸易。云南、黑龙江等沿边地区要不断完善基础设施建设，畅通边境人员往来和贸易往来通道，吸引更多生产要素向沿线通道聚集，打造新的经济增长点。

“一带一路”旨在打造一个连接发达国家与发展中国家，扩大各国利益交汇点的平台。目前，我国正在将“一带一路”与亚太地区多个国家的发展战略相对接，将对区域内的互联互通产生积极的促进作用。随着“一带一路”建设不断推进，中国将进一步密切与沿线国家的互联互通，尤其是在交通、通信等领域。这种互联互通可以产生双向益处，一方面可以促进我国的资金、技术、产能输出到国外，另一方面可以满足沿线国家对资金、技术的需求，降低其发展成本。

中国与“一带一路”沿线各国有很强的贸易互补性，因为目前我国的优势产业是劳动密集型加工制造业，而沿线国家的优势产业大多是资源密集型产业，或者农产品贸易。因此，通过与“一带一路”沿线各国开展双方合作、三方合作、多方合作，可以创造更多新的经济增长点，带动我国经济“更上一层楼”。

第9章

自贸区战略：建设开放型世界经济

开启新一轮高水平对外开放

自2013年上海自贸试验区设立以来，我国自贸试验区的数量与日俱增。2019年8月，经国务院批准，我国新增6个自由贸易试验区（以下简称“自贸区”），分别位于山东、江苏、广西、河北、云南、黑龙江。设立自由贸易试验区是我国在新的发展形势下，为进一步推进改革开放，打造改革开放的新高地制定的重要战略。自由贸易试验区的设立必须秉持四大原则，一是坚持新的发展理念；二是坚持高质量发展；三是坚持主动服务与融入重大发展战略；四是为对外开放总体战略布局提供全方位支持与服务。截至目前，我国自由贸易试验区的数量已经达到

18个[①]，形成“东西南北中协调、陆海统筹”的格局。

“设立自由贸易试验区，推行‘自贸区战略’”这一提议最早出现在2007年党的十七大报告中。2012年在中国共产党第十八次全国代表大会上，“自贸区战略”再次被提及，并明确表示要“加快自贸区建设”。2013年，党的十八届三中全会提出“以周边为基础加快实施自贸区战略，形成面向全球的高标准自贸区网络”。2015年12月17日，国务院颁发《关于加快实施自由贸易区战略的若干意见》，明确表示“加快实施自贸区战略是中国新一轮对外开放的重要内容”。

自此，自贸区建设秉持“以促进投资贸易便利化为目的，进行创新性制度安排”的独特理念在全国范围内轰轰烈烈地展开。近年来，随着改革开放不断推进，改革进入了“深水区”和“攻坚期”，自贸区战略的提出就是为了打破困境，为全面深化改革、进一步扩大开放探索新途径、寻找新方法。

我国第一个自贸区设在上海，为保证上海自贸区建设高质量开展，政府制定了一套基本方案，即“按照先行先试、风险可控、分步推进、逐步完善的方式，形成与国际投资、贸易通行规则相衔接的基本制度框架，通过在局部地区进行压力测试，积累防控和化解风险的经验，探索最佳开放模式”。此后6年，中国的自贸区数量增长到了18个。据统计，这些自贸区所在省市基本上属于人口较多、经济发展水平相对较高的地

① 中国18个自由贸易试验区分别位于上海、广东、福建、天津、辽宁、浙江、河南、湖北、重庆、四川、陕西、海南、山东、江苏、广西、河北、云南、黑龙江。

区。其中，人口约占全国总人口的72%，GDP约占全国总GDP的79%。各自贸区在党中央的统一指挥下，充分发挥“试验田”的作用，全面深化改革，将改革成果推向全国。

对于自贸区未来的建设与发展，习近平总书记要求，“在深入总结评估的基础上，继续解放思想、积极探索，加强统筹谋划和改革创新，不断提高自贸区发展水平，形成更多可复制可推广的制度创新成果”。国务院总理李克强强调，“以更大力度推动自贸区改革开放创新，着眼解决深层次矛盾和结构性问题，强化改革统筹谋划和系统集成，继续狠抓制度创新，加快形成发展和竞争新优势，积累更多可在更大范围乃至全国复制推广的经验，进一步发挥改革开放‘排头兵’的示范引领作用”。

由此可见，自贸区的主要作用是做好制度创新，要借制度创新激发市场活力；自贸区要脚踏实地、大胆改革，做首创性的探索，而不是浅层次的程序优化；自贸区要秉持“大胆试、大胆闯、自主改”的理念，发挥示范引领作用，为全国其他地区做出榜样。

从上海自贸区设立的实践来看，设立自贸区不是政府单纯地为自贸区提供一些政策优惠，而是进行很多深层次的改革，例如，加快政府职能转变，扩大投资领域开放，转变贸易发展方式，深化金融领域的开放创新，完善法治领域的制度保障，等等。从某种程度上来说，自贸区建设就是一场大刀阔斧的改革与试验。

自贸区建设秉持“大胆闯、大胆试、自主改”的原则，承担着新形势下探索对外开放新路径、新模式的重要任务。截至2019年9月，在制度创新方面，上海自贸区已经创造了30多项成果，并将其复制推广到全国。目前，对于国内18个自贸区来说，对试点经验进行总结形成制度性成果，再对成果进行复制推广是重点任务。

江苏自贸区南京片区就要求强化统筹谋划和系统集成，围绕为贸易投资创造更加便利的环境、提高监管效率与质量、创建规范的法治环境等形成一系列可以推广应用的改革成果，切实提高对外开放水平；河北自贸区跨越京冀两地，可以通过创新跨省域管理的体制机制，促进北京、河北两地在发展空间、产业对接、基础设施等方面深度融合，疏通要素流动渠道，实现政策共享、机制共建、要素融通。

自贸区建设意味着我国正在进行一场最开放的全球化实践，其目的已经远远超越适应经济全球化发展趋势这一要求，而是要在全球化过程中发挥领导者的作用，消除全球化对我国的负面影响。目前，中国这18个自贸区已经成为全球发展合作的重要平台，正在颠覆原有的全球经贸规则，借扩容之机打造新的经济贸易区，使各类生产要素焕发出前所未有的生机与活力，推动我国经济实现更好的发展。

制度创新：自贸区建设的核心

近年来，受各种因素的影响，经济全球化表现出一些新特点、新趋势，中国自由贸易试验区建设就是为了应对这一新形势采取的重要举措。当然，自贸区建设对内也有显著益处，例如，可以深化改革，为开放型经济新体制建设提供支持；为政府统筹对外关系、实现对外战略目标提供助力；等等。我国自贸区建设不仅要在相关政策的支持下提高贸易自由化的程度与金融国际化的水平，让投资更加便利，而且要与“一带一路”对接，为更高层次开放型经济建设提供强有力的支撑。

我国自贸区建设严格遵守中央顶层设计，从上海自贸区的“一枝独秀”到18个自贸区的“雁阵齐飞”，分批次建设、空间均衡布局，表明我国自贸区建设从探索期进入了成熟期，从试点探索向复制推广转变。党的十九届四中全会通过的《中共中央关于坚持和完善中国特色社会主义制度、推进国家治理体系和治理能力现代化若干重大问题的决定》提出，“加快自由贸易试验区、自由贸易港等对外开放高地建设”，充分体现了新形势下自贸区在国家治理体系和治理能力现代化、坚持和完善社会主义基本经济制度、建设更高水平开放型经济新体制中的战略地位和独特价值。

自贸区建设的价值与意义重大，要深入贯彻落实党的十九届四中全会精神，不断提升自贸区政策选择、战略目标与国家顶层设计、国家发展战略的匹配程度，在国家顶层设计的指导下优化时空布局，明确战略定位，对改革举措进行大胆创新。

一、明确自贸区建设战略定位的差异

我国有18个自贸区，每个自贸区的优势不同，战略定位也应不同。自贸区明确战略定位不仅可以让自贸区获得独特的标识，而且可以保证发展实践始终与战略目标保持一致，不会产生功能异化。具体来讲，差异性战略定位就是要以符合国家顶层设计为前提，充分挖掘、释放自己区域的特色，实现“打造各具特色的改革开放高地”的目标。根据国家的顶层设计，自贸区的核心任务是创新制度，所以自贸区首先必须是制度创新试验区。据此，自贸区想要实现差异化的战略定位，必须获得相关政策的支持，根据自贸区建设的战略目标选择合适的政策工具。

二、高度重视多区重合与政策叠加问题

根据国家层面的规划，自贸区是“全面深化改革、扩大开放、推进创新的战略高地”。虽然自贸区建设需要相关政策的支持，但千万不要将其视为政策优惠的洼地。如果大量优惠政策一同涌入，不仅不利于自贸区建设的有序推进，反而会导致自贸区战略定位模糊，区域政策同质化。自贸区建设是一个不破不立的过程，其目的在于彻底摆脱传统发展路径，倒逼制度改革，打造更高水平的“开放试验田”。因此，自贸区建设要建立宏观调控机制，建设信息疏通平台，处理好自贸区之间竞争、合作与协同关系，消除同质化竞争。

三、加强自贸区改革创新发展的风险防控

自贸区建设是一项重大的改革试验，凡是试验必然会存在一定的风险，为了做好风险防控，习近平总书记提出，“在自由贸易试验区要做

点压力测试，把各方面可能发生的风险控制好，切实防范系统性风险特别是金融风险”。

作为国家战略的先行试验区，自贸区为了吸引外资与实体，会实行一些放松管制政策，例如负面清单等。为了在改革发展的同时做好安全防护工作，自贸区建设必须树立底线思维，增强安全意识，对可能面临的风险进行预测与评估，提前制定方案将风险消除，秉持“先行先试、科学求证”的原则，建立并完善综合监管体系，不断提升监管能力。自贸区在降低进入门槛的同时，要加大管制力度，保证进入自贸区的外资企业有序发展。

目前，自贸区的改革创新正处在探索期，尚未形成成熟的机制与方案，仍然需要完善相关的法律体系，建立健全相关的制度规则，通过法治建设弥补法律规范的不足。对于自贸区建设，法治化是其加大管制力度的重要保障，法律规制、信用机制、综合执法是落地最方便、成效最显著的政策措施。

四、坚持试点经验学习借鉴与自主探索创新并重

习近平总书记强调，加快实施自由贸易区战略是一项复杂的系统工程。根据国家顶层设计，自贸区承担的功能非常多，包括深化改革、大胆创新、推广应用创新成果、带动周边地区发展等。自贸区改革成果的推广应用离不开国家层面的支持，同时也需要各地区发挥积极性、主动性，学习自贸区的改革创新成果，结合本地的实际情况进行创新应用。

五、毫不动摇抓好常态化疫情防控与深化自贸区改革创新并举

在新冠肺炎疫情仍然流行的当下，自贸区建设不仅要持续推进改革创新，还要做好疫情防控，建立常态化疫情防控与深化改革创新协调机制，对疫情给我国造成的影响以及疫情流行下国际国内经济社会发展形势进行准确判断，在此基础上通过制度创新、多领域联动改革、完善改革机制等多种举措，推动改革创新向着更深、更广的方向发展。

营商环境：建设自由贸易新高地

根据2019年世界银行发布的《全球营商环境报告2020》，我国营商环境提升至第31名。营商环境的显著改善可以更好地吸引外资，对全面深化改革、建设高水平开放型经济新体制产生积极的推动作用。因此，自贸区建设要进一步优化营商环境，与国际营商环境实现全方位、多角度、深层次对接。

一、自贸区营商环境的改革措施

自贸区营商环境改革可以采取以下几大措施：

（1）深化商事制度改革。具体包括三大内容：一是深化“放管服”

改革，其中“放”指的是简政放权，“管”指的是放管结合，“服”指的是优化服务；二是推进“证照分离”，提高审批效率，节省企业的申请成本；三是结合“证照分离”改革，进一步简化涉及市场监管部门的企业生产经营和审批条件，解决“准入不准营”问题。

（2）放宽市场准入，加强事中事后监管。自贸区要以开放的心态吸引外资、外企进入，但为了保证这些企业按照规则有序发展，需要加强监管，建立权责明确、公平公正、公开透明、简约高效的事中事后监管体系，形成市场自律、政府监管、社会监督互为支撑的协同监管格局。

（3）加强对知识产权的保护。一直以来，知识产权保护都是我国的弱点。自贸区建设必须改变这一局面，建立知识产权侵权惩罚性赔偿制度，加大对知识产权的保护力度。目前，我国多个自贸区在保护知识产权方面都出台了一系列政策，例如，海南自贸区鼓励知识产权证券化；重庆自贸区建立知识产权质押融资风险分担机制；北京自贸区、上海自贸区、广州自贸区等建立知识产权法院；等等。这些知识产权保护机制如果取得有益成果，可以在全国推广应用。

（4）对接国际先进水平，通过法治建设营造公平、透明的营商环境。2020年，《中华人民共和国外商投资法》与《优化营商环境条例》落地实施，为自贸区良好的营商环境的打造提供了法律支持。这两部法律不仅明确了自贸区市场准入的范围，而且为保护中外投资者的合法权益提供了明确的法律依据。

二、拓展开放的高度、深度和广度

自由贸易区和自由贸易港的真正使命是对与自由贸易相关的各个领域进行先试先行，具体包括贸易自由、投资自由、运输自由、资金流动自由、数据流动自由、人员停居留和就业自由等的试行，最终目的是建设对外开放的新高地，进一步拓展我国经济对外开放的高度、深度和广度。

（1）拓展我国经济对外开放的高度，就是要依托自由贸易区和自由贸易港培育自身产业实力和能力，打造先进制造业集群、战略性新兴产业基地、国际贸易航运枢纽、要素和大宗商品交易配置平台等，提高我国在这些领域的国际影响力。

（2）拓展我国经济对外开放的深度，就是要营造国际化、法制化、便利化的商业环境，降低外资在我国各领域（如金融、保险、物流、研发设计、教育卫生、数字经济等）的准入门槛，建立准入优惠制度和负面清单制度，打造公平竞争性市场体制。

（3）拓展我国经济对外开放的广度，就是要将改革开放和产业升级相结合，实现相关措施的落地执行，并形成可复制、可推广的成果。

受疫情影响，世界经济遭受到前所未有的重创。面对这一形势，我们更应该推动全球化进程，让市场来优化配置各类资源，形成各国之间、各企业之间的分工合作，带动国际经济的良性大循环。

全球化不是一蹴而就的，而是螺旋式发展。全球化的推进必定会遇到各种问题，同时也要解决各种问题，它是在问题的出现与解决中不断前进的。在历史的螺旋式发展中，在解决一个又一个问题的过程中，真正伟大的国家一定是能担起自身责任并顺应世界潮流的国家。中国是一个负责任的国家，也是一个坚定顺应世界潮流的国家，我们正在通过不懈的努力形成国内国际双循环相互促进的新格局。而这一新格局的形成不仅能推动我国开放型经济的健康发展，同时也能进一步推动全球化朝着更深领域演进。

海南自由贸易港的全球化使命

2020年6月1日，中央印发《海南自由贸易港建设总体方案》，“支持海南建设全岛自由港，要求把海南自由贸易港打造成引领我国新时代对外开放的鲜明旗帜和重要开放门户，到本世纪中叶，全面建成具有较强国际影响力的高水平自由贸易港。”

在国家政策的支持下，海南自由贸易港必将承担起历史使命，探索更高水平、更高层次的开放，对经济发展质量、效率与动力的转变，对实现两个百年目标，完成中华民族的伟大复兴产生积极的推动作用。

随着经济全球化持续深入，在构建人类命运共同体理念的指导下，中国改革开放与世界经济持续发展之间的联系愈加密切。在此形势下，海南自由贸易港除了探寻更高水平、更高层次的开放之外，被赋予了更重要的使命。海南自由贸易港建设将对世界经济发展产生深远影响。

一、独具特色的中国模式

海南自由贸易港承担着在新形势下进一步深化改革开放的重大历史任务，独具中国特色。自改革开放政策推行以来，我国始终奉行“以开放求发展”的理念，海南自由贸易港的建设就是这一理念的发展和延续。根据国家层面的规划，海南自由贸易港建设要高举“合作、发展、共赢”的旗帜，坚守“平等、包容、透明”的原则。在建设过程中，对所有国家一视同仁，促进世界各国共同发展，为人类命运共同体的构建提供支持与助力。由此可见，海南自由贸易港建设立志高远，其目的不只是提振区域经济，还包括构建对外开放新格局、积极参与全球经济治理、促进世界经济发展、推进经济全球化等。

海南自由贸易港建成后，对外要主动把握世界经济格局的变化，对内要把握国内经济发展需求，引领内地经济发展趋向，借助集聚投资、贸易、金融、科技、人才等方面的优势，为我国供给侧结构性改革、经济结构的优化、经济发展方式的转变提供强有力的支持。同时，随着新一轮科技革命在全球范围内蔓延，全球经济结构正在发生重大变革，海南自由贸易港要保持足够的敏感性，发现变革中隐藏的机遇，并利用这些机遇，帮助我国企业培育新的国际竞争优势，不断地向产业链两端攀升。

未来，海南自由贸易港将成为我国的离岸引领中心、离岸保障中心、离岸服务中心，将在人类命运共同体建设中贡献中国力量，为中国进一步融入经济全球化提供源源不断的支持与动力，向世界展现新时代独具特色的中国模式。

二、创新发展的时代使命

根据发达国家建设自由贸易港的经验，在推动经济全球化、带动世界经济增长方面，自由贸易港发挥着非常重要的作用。但一直以来，自由贸易港建设都由发达国家主导，虽然也有发展中国家参与，但效果总是不尽如人意。海南自由贸易港建成后，将成为发展中国家组织建设的世界上规模最大、开放水平最高的自由贸易港，堪称创世之举。

在发达国家主导建设的自由贸易港中，虽然资金、人员可以自由流动，贸易可以自由开展，但因为发达国家处于经济垄断地位，而且市场控制能力加强，发展中国家只能被动地接受规则，毫无话语权。从过去几十年的实践来看，自由贸易港可以说是发达国家借经济全球化谋利的工具，对发展中国家非常不利。尤其是随着经济全球化持续深入，发展中国家的综合实力越来越强，自由贸易港的贸易摩擦越来越频繁。在这种情况下，如果没有一个公平的对话体系，各种矛盾只会愈演愈烈，对经济全球化进程产生一定的阻滞。

作为发展中国家的重要成员，中国组织建设的海南自由贸易港，无论是开放水平，还是开放形态，都将达到极高的水平，并秉持“发展、合作、共赢”的理念创造多元化的包容性发展模式，坚持与其他国家，尤其是发展中国家平等对话，为发展中国家融入经济全球化提供一个更优质的平台，维护各个国家的话语权，共同协商构建一个共商、共建、共享的全球治理体系，维护世界经济平稳发展，开创了世界经济发展史上的新时代。

三、促进经济全球化发展

通过世界经济发展实践可知，随着经济全球化进程持续深入，国际市场规模不断扩大，国际分工愈加精细，经济全球化已经成为世界经济发展的必然趋势。但随着国际金融危机频频暴发，一些国家开始推行保护主义、单边主义、民粹主义，导致国际贸易摩擦和冲突越来越多，国际市场上的不公平竞争现象愈演愈烈，全球资源配置效率不断下降。

在此形势下，党中央做出的建设海南自由贸易港的决定，不仅体现了我国的开放自信，也体现了我国以实际行动维护经济全球化发展趋势稳步推进，建设开放型世界经济的责任与担当。海南自由贸易港建设是一个具有重大影响力的标志性事件，标志着以中国为代表的发展中国家和新兴经济体开始成为世界经济秩序治理的重要力量，开始以积极主动的姿态参与世界经济秩序治理，而且其参与地位和能力不断提升，打破了发达国家的垄断局面，促使世界经济格局发生深刻变革。

从全球角度来看，随着海南自由贸易港的建设与使用步入正轨，不仅会为世界经济的发展贡献更多机遇，而且可以将更多发展中国家凝聚在一起，成为推动经济全球化的中流砥柱。在这股新兴力量的作用下，国际经济秩序与全球治理体系将发生巨大变革，在重组、重建的过程中逐渐趋于完善，共同推动经济全球化向着更加开放、包容、合作、共赢的方向发展。

四、提供经济增长新动能

海南自由贸易港建设进一步扩大了世界市场的规模，为经济全球化注入了一股强劲的动力。目前，在全球范围内，世界经济增长所依托的传统动能消耗殆尽，新动能尚未形成，再加上单边主义和保护主义抬头，导致世界经济增长进入缓滞状态，经济全球化也遇到了很多障碍。再加上受到暴发的新冠肺炎疫情影响，世界经济遭受巨大的冲击。在此形势下，中国积极推进海南自由贸易港建设，坚定对外开放政策不动摇，并进一步扩大了开放范围，提升了开放程度，给世界经济创造了广阔的发展空间，充分体现了我国维护世界经济稳定发展、维护国际经济秩序正常运行的大国担当。

近年来，我国经济快速发展，中等收入群体的规模迅速扩大，消费升级趋势愈加明显，超大市场规模初步显现。据统计，2019年，我国社会消费品零售总额接近6万亿美元。虽然2020年初暴发的新冠肺炎疫情给我国经济造成了一定的冲击，但这种冲击非常短暂，随着复工复产稳步推进，我国经济已经率先恢复增长。海南自由贸易港建设将以我国规模庞大的市场为依托，为持续低迷的世界经济注入巨大的活力，为经济全球化的稳步推进提供源源不断的动力。

第四部分

提高产业链、供应链稳定性

第10章

战略路径：重构全球产业链、供应链

全球产业链重塑下的战略机遇

2020年5月23日，习近平总书记在看望参加全国政协十三届三次会议的经济界委员时强调，“要牢固树立安全发展理念，加快完善安全发展体制机制，补齐相关短板，维护产业链、供应链安全，积极做好防范化解重大风险工作”。

目前，新冠肺炎疫情肆虐全球，不少国家的疫情不但没有缓解，还有加重迹象。在此背景下，全球产业链、供应链重塑已经迫在眉睫。面对这一全球经济发展的趋势，许多发达国家和新兴经济体纷纷开始制定新的产业发展规划，或者及时优化、调整了原有的产业规划。不少发达国家不仅不断加强对外资的审查力度，也越来越重视本国产业保护，同时还通过新的布局吸引海外制造业回归。而这些变化可能会提高全球产业链、供应链的安全风险。面对这些挑战，我们要谨遵习近平总书记的要求，“不断完善安全发展体制机制，补齐相关短板，全力维护好产业链、供应链安全，围绕产业链部署创新链、围绕创新链布局产业链，推动经济高质量发展和区域经济均衡发展”。

一、为西部地区快速发展带来良好契机

在全球产业链、供应链重塑背景下，内需在经济发展中的重要性日益凸显，而要想扩大内需，就需要通过刺激增加有效购买力。受传统工业资源条件的限制，如果产业布局过于依赖市场导向，那么资本、技术、人才等要素就会自动向东部沿海聚集，从而拉大区域之间的经济发展差距。而随着第四次产业革命的到来，约束经济发展的条件发生了重大变化，新技术、新业态、新模式的发展受到创新、协调、绿色、开放、共享等因素的约束。我国西部地区拥有良好的自然环境，符合经济发展的新时代要求，因此，我国应该把握当前难得的发展机遇，大力发展西部产业，增强我国应对全球经济局势变化的能力。

二、为民族产业创新发展提供更大空间

全球产业链、供应链正面临重塑的历史机遇，此时的民族产业有了更多发展的空间，可以填补其他产业腾挪出来的空间。长期以来，发达

国家控制着全球产业链、供应链的关键环节，在发达国家的垄断下，我国市场难以给予民族产业充分的发展机会。与发达国家相比，我国民族产业在半导体、操作系统、办公软件等领域相对落后。然而，技术上的相对落后并没有使民族产业停滞不前，各民族产业在市场夹缝中求生存，也逐渐积累起一定的发展基础。面对新的历史机遇，它们必将得到快速发展。例如，在以美国为首的部分国家对我国民族产业进行芯片限制和断供之后，我国开始大力发展芯片产业，华为的“海思”芯片和操作系统正式走到了“舞台中央”。

三、为自主创新原始创新注入强大动力

面对竞争压力，许多企业被迫采取开放式创新策略，选择与其他企业合作，共同研发新技术、新产品。这种协同式创新可以大大降低创新成本，并能有效缩短创新周期，不过需要其与合作企业共享源代码和知识产权。虽然自主创新比开放式创新的成本更高、周期更长，但具有更多的优点：首先，有利于企业的技术积累；其次，能使企业独享知识产权；再次，能够对创新成果保密，保证企业研发成果的安全；最后，有利于企业的持续发展。一些涉及国家安全的高新技术必须依赖于自主创新，一些与战略发展利益相关的高新技术需要进行原始创新。在全球产业链、供应链重塑的机遇下，我国将进一步推动自主创新和原始创新，与此同时，我国的基础教育和基础科学也将得到相应的发展。

四、为合理分配扩大内需形成倒逼机制

资本具有自发性，如果经济增长问题能通过投资和出口来解决，我们就会很容易忽视消费。要想扩大消费就需要提高人民的支付能力，而要提高人民的支付能力就需要提高人工成本，进而也就会降低出口产品的竞争力。

全球产业链、供应链的重塑可能改变世界贸易结构。一些国家在看到我国经济发展的成就后，可能会对我国的贸易施压，这会导致我国的出口量降低。我国的经济增长依靠投资、出口和需求拉动，如果出口降低，投资和需求就会相应上升。无论投资的结构还是投资的幅度，都要适应当前的需求，如果无法与需求相匹配，就会导致重复建设和产能过剩等问题。投资、出口和消费是拉动经济增长的“三驾马车”，而目前和未来的一段时间，要想推动我国经济的进一步增长，就需要将扩大内需作为主要着力点。

五、为境外投资合作共赢创造宽松环境

全球产业链重塑有利有弊。对发展中国家来说，更多的是利，因为这种趋势可以为发展中国家提供更多吸引外资的机会，同时也有利于构建合作共赢的国际分工秩序和人类命运共同体，推动“新型全球化”进程。然而，有些国家却反对全球化，并采取一系列的措施推动“逆全球化”，而这主要是因为这些国家在全球化进程中逐渐失去了

主导地位。“逆全球化”有违历史潮流，因此是不可能成功的。世界上大多数国家都渴求发展，任何势力和违背历史潮流的做法都阻挡不了这种强烈需求。推动“新型全球化”进程，一方面有利于我国实行“一带一路”的相关政策，另一方面也能为中国企业对外投资经营创造新的发展空间。

我国产业链、供应链面临的挑战

一、来自海外的直接投资相对减少

一些发达国家主张制造业回归，主要是因为其产业资本产生了收缩。而产业资本收缩一般有以下几方面的原因：一是虚拟经济与实体经济严重脱节；二是经济风险高度积聚；三是综合国力特别是经济实力大幅下降。在全球贸易物流保持畅通，产业链、供应链的安全不存在人为威胁的情况下，现有全球化的分工格局是最容易实现优势互补和资源配置的产业分工格局。但是，一些国家却打着“国家安全”的幌子，以“脱钩”“断供”等手段遏制我国高新技术产业的发展，鼓动“驻扎”于我国的产业回归本国，这种行为严重破坏了全球产业链、供应链的稳定，是“逆全球化”和违背历史潮流的表现。在疫情影响下，这些国家的危机意识得到较大强化。在这场突如其来的灾难面前，这些国家的实体经济严重缺位，社会经济安全风险大大提高。这也进一步加强了全球产业链、供应链重塑的趋势。而国外产业的回归或转移虽然无法阻止我国外资绝对量的增加，却仍会减少这些国家对我国的投资。

二、损害我国良性发展的产业集群结构

我国之所以会成为“世界工厂”，主要有两方面的原因：第一，是国际分工发展与我国产业实际相结合的结果；第二，是我国经济发展的比较优势与发展路径、发展模式相互作用的结果。我国拥有门类齐全的产业集群，综合配套的产业结构，高中低端兼有的工业体系。近年来，随着土地、劳动力等要素成本的上升，我国的产业综合配套能力不断提高，比较优势的内涵和结构也发生了重大变化。但一些国家以安全需要为由对我国采取一系列的“断供”“脱钩”和产业转移等措施，可能会在一定程度上对我国产业链、供应链的完整性和稳定性造成损害。

三、加大高技术产品的供应难度和成本

大多数时候，我国更倾向于就近进口高新技术产品，而一些国家针对我国采取产业回归或转移政策势必会破坏我国贸易结构，迫使我国寻求替代商品，这会增加我国市场的供应难度和供应成本。相关国家的这种垄断行为既违反了产业发展规律，也违反了市场交易规则，而且是一

把双刃剑。全球技术是不断进步的，单方面的垄断行为无法阻挡这种进步。一个国家想要通过垄断方式来遏制别国的发展，只会使自己的技术产品被竞争国家所替代，从而丢失广阔的海外市场，更严重的是，其垄断行为会大幅减少自身产品的营收，使自己的大额研发失去充足的海外资金供应，并最终在技术和产品上丧失竞争力。另外，如果该国家想通过“断供”“脱钩”等恶意措施来遏制别国的发展，就可能遭到别国的对等反制，不仅不能达到目的，还会损人害己。

四、增加我国技术创新转型升级的难度

不管是产业培育还是技术更新都不是一蹴而就的事情，都需要时间慢慢养成。我国过去的技术发展主要采用“引进—消化—吸收—再创新”路径。但是，随着时间的推移，这样的技术发展路径也给我们带来了两个挑战：首先是国内的挑战，这种技术发展路径会阻碍我国的基础创新和原始创新，致使我们难以营造适合于创新的科学基础、教育基础等软环境；其次是国际的挑战，如果过于依赖这种技术发展路径，一旦有关国家对我国采取技术封锁政策，就会使我国失去关键核心技术供应。毕竟，关键核心技术是要不来、买不来的。因此，我们需要重视对技术发展路径的升级，以充足的准备和及时的调整来摆脱在关键技术上长期受制于人的困境，加快我国产业特别是制造业的转型升级，不断提高我国的基础创新和原始创新能力，营造适合于创新的教育和科技环境，推动我国经济的高质量发展。

我国供应链安全战略的对策建议

一、加大西部地区投资力度，实现区域经济均衡发展

面对全球产业链、供应链重塑带来的挑战，我们要更好地发挥政府的作用，将挑战化为机遇，实行西部大开发、中部崛起和东北振兴的经济政策。同时，我们也要发扬“三线建设”“交大西迁”的精神，通过规划重大项目、发展产业集群、打造科研高地、振兴中心城市、带动县域经济等一系列的政策措施，促进西部地区人口回流，为西部地区增加就业和收入，扩大市场内需，提升消费水平，升级贫困地区产业，维护区域经济发展平衡，巩固脱贫、扶贫成果，等等。

二、增加劳动收入在初次分配中的比重以扩大内需

满足国内需求既是发展的出发点，也是发展的落脚点。要想有的放矢地拉动内需，就需要做好以下工作：一是构建完整的内需体系；二是优化分配机制；三是适当减少所得税税收，提高劳动者的实际收入，提高中等收入群体的比重；四是加强对优秀劳动者的激励和价值肯定，如对教育领军人才、科技创新人才、经营管理人才、技能专长人才等给予精神激励和物质奖励，弘扬教育家精神、科学家精神、企业家精神和工匠精神，肯定他们的劳动价值。

三、以大型产业集团为龙头打造创新产业集群

在国内大循环中，我们要充分发挥国有和民营大型产业集团的作用，促进产业链、供应链上下游企业的集成创新和协同创新，扩大对国内高新技术产品的采购规模，加强对这些产品的市场导入，带动中小企业共同发展。同时，我们也要以高新技术产业为基础构建国内循环，积极参与全球产业链、供应链重塑，构建稳定的外部循环，形成内外循环的良性互动，并最终打造出一个具有中国特色的创新产业发展生态。

四、以新型举国体制攻关关键核心技术

我们要将科技型企业和大型产业集团当作新型举国体制的重要载体，充分发挥它们的创新引领和市场导入功能；要通过政府引导、市场合作、利益共享等方式将各级科研人才和科研设施聚集起来，集中力量和优势进行关键核心技术攻关，实现技术创新和技术突破；要完善教育培养和科学研究体制，培养出能独当一面的教育家和科学家，营造各级人才专心立业、付出与回报对等的干事创业环境。

五、通过“一带一路”实现价值链重构

我国对内要加强顶层设计，制定国内供应链安全战略；对外要积极参与全球供应链建设，引导更多国家融入全球供应链体系，加强全球供应链基础设施的联通，推动全球供应链向着包容、开放、合作、共赢方

向发展。我国要坚持"一带一路"倡议，这就需要逐步构建亚非欧之间的供应链基础设施网络，引导沿线国家积极规划基础设施建设，制定技术标准体系，形成供应链基础设施的共建共享和互联互通。我国要加快中国产业对全球的布局，积极参与全球产业链、供应链、服务链和价值链的重塑，带动更多的"一带一路"沿线国家融入到全球供应链体系之中；同时，还要构建技术市场、服务市场、要素市场和资本市场，并实现各个市场之间的互联互通，打造新型产业分工体系；另外，还要借助自由贸易区、经贸合作区、跨境产业集聚区等实现国际产能合作，加快推动我国产业转移。

国际视野下的供应链政策及启示

随着产业分工的逐渐细化和资源配置的全球化，供应链已经融入生产和流通的各个环节。作为连接供给侧和需求侧的重要纽带，供应链的创新发展至关重要。对国民经济来说，要想实现高质量、高效率的发展，必须以供应链的创新发展为主要抓手。在经济的发展中，供应链具有不可替代的作用，这是美国、英国、欧盟等发达国家和地区早已认识到的事情。从微观上来看，供应链只不过是企业发展的基石，但我们的眼界不能局限于微观层面，还要看到供应链在国家战略和全球治理上的重要性。从国家战略上来看，供应链是提升产业竞争力和国家经济实力的重要手段；从全球治理上来看，供应链是推进多边合作、构建全球经济秩序的战略工具。为避免在制定供应链政策上走弯路，我国不妨学习和借鉴一些发达国家和地区的供应链政策。

美国是最早提出供应链战略的国家之一，同时也是率先系统性实施这一战略的国家。美国的供应链政策涉及多个重要领域，包括国防安全、民生安全和贸易安全等，主要聚焦于这些领域的关键产品和物料的供应。美国早在2005年便开始向国家安全层面倾斜供应链政策，后来又于2012年发布了《全球供应链安全国家战略》，该战略文件将全球供应链系统看作是美国经济和安全的“至关重要的资产”，并提出了两大战略目标：一是“促进商品的高效和安全运输”，二是“培养具有弹性的供应链”。由此可见，美国早已将供应链政策上升至国家战略层面。

具体来说，美国供应链政策主要从以下四个方面发挥作用：首先是加强供应链安全风险评估和预警，主要手段是利用风险管理技术识别出关键物资、基础设施等情况，加强对供应链脆弱环节的评估和预警；其次是加强供应链弹性，主要手段是保留适当的物资冗余和出台一系列提高供应链弹性的举措；再次是促进供应链安全问题的相关立法，主要手段是针对部分细分领域制定并出台了与供应链安全相关的法案；最后是加强供应链安全国际合作，主要手段是与其他国家建立了供应链合作框架并签订了相关协议。

英国也非常重视供应链建设，并将其视作发展本国制造业的必要元素。英国将供应链政策作为先进制造业战略的重要内容，并大力推动这一战略的实施落地。2015年，英国出台《加强英国制造业供应链政府和产业行动计划》，标志着英国将供应链政策上升为国家战略。

英国拥有较为成熟和完善的供应链政策体系，并针对供应链的协作、创新、融资、弹性安全等形成了一系列的政策措施：一是推动供应链创新，包括流程创新和技术创新。英国在流程创新上主要是通过供应链生产线的创新研发和应用，推动制造业供应链上下游企业之间的协同合作。英国在技术创新上主要是通过持续推进物联网、互联网、人工智能、大数据、云计算等数字化、智能化技术在制造业各环节的应用，实现供应链上下游企业之间的信息共享。二是在人才招聘、员工培训等方面加强协作。在英国的供应链中，核心企业会借助自身优势帮助中小企业招聘人才和定期组织员工培训，这意味着各制造业企业可以共享供应链培训计划和项目，有利于供应链整体协同水平的提升。三是为中小企业提供融资渠道。在政府的要求下，英国的各大商业银行会为中小企业提供贷款服务和融资服务指南，同时还专门为中小企业设立了贷款基金，并积极提供相关的金融服务。四是提升中小企业的竞争力。英国各政府部门会积极与供应链企业进行合作，帮助中小企业制定供应链绩效改进方案，为其提供更多的发展机会。同时支持各大行业协会在能源、航空、汽车、铁路等重点领域制定行业标准，并将优秀的实践方案推广到中小企业。五是推进供应链协作。英国政府鼓励各行业协会搭建合作交流平台，为企业之间的合作交流提供便利，同时鼓励企业就优秀的管理经验和成功案例等展开跨行业、跨领域的交流和分享。

德国的供应链政策也十分值得学习和借鉴。其供应链政策重点是在制造业构建绿色供应链，特点是注重保护环境和节约资源。为打造可持续发展的供应链，德国制定了四项措施：一是加强环境标志认证。德国致力于打造环境标志认证体系，为机械、汽车、纺织等重点领域制定生态标签，其推出的环境标志认证系统“蓝色天使”和包装废弃物回收利用系统“绿点标识”都是世界首创。二是建立信息公开制度。“德国可持续发展准则”规定企业必须向公众公开供应链的各项相关指标，包括资源利用、能源消耗、有毒气体和温室气体排放等。三是设立政府奖项。德国政府鼓励汽车制造、建筑、纺织等行业的企业生产绿色环保型产品，支持企业走可持续发展道路，并对代表性企业给予表彰和奖励。四是完善供应链全生命周期监管。德国法律明确规定，生产者必须对供应链的全生命周期全面负责，不仅要对产品的生产和消费负责，还要对产品的回收和无害化处理负责。这种生产者延伸责任制度大大减少了供应链全生命周期的污染排放。近年来，随着5G、大数据、云计算、人工智能等新一代信息技术的发展和应用，德国积极推动工业供应链向着智能化、信息化、数字化方向转型升级。目前，德国已经将构建智能化供应链加入自己的工业4.0战略之中。

欧盟也非常重视供应链政策，并通过制定对应政策来推动区域经济发展。欧盟积极建立了供应链协商和处理体制，专门用于解决各行业、各领域的供应链问题，其中的代表性行业包括农业、制造业等，代表性领域包括物流、环保、能源等。欧盟供应链政策中兼具强制执行的行政指令和引导性的报告说明，能够更好地发挥作用。在供应链政策上，欧盟非常重视两大问题：一是保障成员国供应链安全。欧盟特别重视各成员国在国际贸易中的原材料供应安全、货物运输安全等。在供应链安全方面，欧盟一方面积极与美国展开深度合作，另一方面积极推行供应链安全政策，比如通过推行相关政策文件对成员国的海关事务安全和进出口贸易安全提出一定要求。二是通过打造绿色供应链，实现经济的可持续发展。欧盟试图在成员国内打造绿色供应链，并制定了强制性法令，对产品全生命周期的各个环节提出了环保要求。

从以上发达国家和地区所实行的供应链政策中可以看出，供应链政策必须包含两大内容：第一，对供应链的质量进行提升，比如要构建绿色环保、高效协同、可持续的供应链。要利用高质量、高韧性的供应链来提升国家重点领域的产业竞争力，提升区域经济实力和国家综合经济实力。典型代表是英国和德国的供应链政策。第二，要确保供应链的安全。要通过管控关键产品和物质供应，消除外部因素对供应链的影响，确保经济安全、民生安全乃至国家安全。典型代表是美国的供应链政策。

我国应该充分认识和及时解决我国供应链中存在的问题，同时学习和借鉴发达国家和地区的供应链政策和相关的实践经验，并结合我国国情从内、外两个方面实行供应链政策。从内部政策来看，我们要构建高效率、高协作、高韧性的供应链，建立相应的机制体制，营造适宜供应链发展的环境；从外部政策来看，我们要重视供应链安全问题，加强相关研究，要在保障供应链安全的基础上推进供应链的全球布局。

优化供应链发展的环境有利于构造可持续发展的供应链，同时也能够提升供应链的竞争力。从市场主体着手，提升企业对供应链的管理水平，有利于供应链发展水平的提高。我国实行供应链政策的重点在于以下四个方面：第一，要激发企业参与供应链协同的动力；第二，要提高企业的能力和配套支撑，为企业参与供应链协同创造条件；第三，优化外部环境，创造良好的配套条件，积极构建供应链信用体系和标准体系，推进供应链信息化、数字化和智能化的转型升级；第四，鼓励企业进行技术创新和应用，提升供应链信息技术、管理技术的水平，提高供应链协同的效率。

在全球化进程中，我们要努力降低供应链风险，确保产业经济安全。供应链竞争是企业竞争、产业竞争乃至国家竞争的一部分。由于我国的产业安全和国家安全受国际贸易保护主义抬头的威胁，我们必须积极进行关键核心技术攻关，以减少我国在关键核心技术上对国外的依赖；同时也要做好应对核心零部件、原材料供应中断的准备，并制定好相关的预留解决方案。我们既要建立一种长效机制以有效应对各种供应链风险，也要积极构建供应链风险预警系统和供应链中断应急机制，同时还要积极参与供应链安全国际合作。另外，我们也要深入参与全球分工，推进关键技术创新和应用，通过“补短板”和“锻长板”来提升在国际谈判中的话语权和主动权。

第11章
“双循环”格局下的供应链建设

构建“双循环”经济产业体系

双循环经济产业体系要想实现科学、合理的发展，就需要大力推进供应链体系建设。双循环经济产业体系在产业分工、产业协同、产业结构、整体布局等方面具有显著特点，如果能将这些特点与供应链体系建设相结合，就能整合、重构双循环之间的分散系统，实现生产要素的最优化配置，重构和提升双循环的产业价值，有效保障我国经济产业的高质量发展。

构建双循环经济产业体系是一项大规模的系统工程，它既是国家的重大战略，又是重要机遇下的选择，同时还是政府创新治理的体现。如果能将供应链体系建设与双循环创新发展相结合，不仅能够加快产业的转型升级，同时也能进一步推动我国经济的增长。而双循环经济产业的创新发展，需要从三个方面来实践探索：一是战略规划定位；二是业态模式创新；三是协同服务体系。

我国正在不断升级双循环战略定位，积极促成供应链体系建设与双循环经济的融合，并使两者进行协同创新发展。这样做不仅能够使国内经济产业实现迭代升级，还能够形成“国内大循环为主体、国内国际双循环相互促进的新发展格局”。

要实现供应链体系建设与双循环经济的协同发展，必须要讲究战略方法和实施步骤。首先，产业之间要进行优势互补，充分发挥核心企业的模范带头作用；其次，要以现有的区域布局、产业分工、产业优势和产业协作为出发点，使我国产业在内循环中细化发展、融合发展、协同发展和创新发展；再次，要进一步扩大对外开放，提高开放水平，优化要素配置，加强科技创新，寻找对外发展的新突破口；最后，要积极拓展新市场，努力发现并抓住新机遇，通过统筹谋划构建新的双循环发展推进机制。

一、双循环体系建设是经济产业结构调整的必然要求和重要措施

我国经济产业的发展演进呈现四大特征，分别是层级化、结构化、区域化、非均衡。我国的产业资源、产业基础和产业环境具有一定的优势，因此，我们要立足于这些优势，不断提升产业要素的分配效率，努

力调整和优化产业结构，通过建设供应链体系，不断整合资源，构建具有新模式、新产业和新业态的国内经济产业内循环。我们要利用新一代通信技术赋能传统产业，实现传统产业的改造升级；培育新兴产业和创新技术，不断调整和优化我国经济产业整体布局，加快推进新型基础设施建设，打造经济发展带和产业化集群，提高我国的国际竞争力；同时，还要在构建供应链体系的过程中形成内外接轨的国际资源配置平台，从而支撑外循环的调整，形成内外循环的良好互动。

二、双循环体系建设是企业转型迭代升级的重要路径和战略选择

供应链体系建设可以为我国产业带来两大好处：一是使我国产业链上下游参与者充分发挥资源配置的作用；二是使我国各领域企业充分发挥产业协同的作用。我国要积极参与国际化的战略合作，特别是在国际供应链上的合作，同时也要充分发挥国内企业的两大作用：一是产业溢出辐射的作用；二是产业资源虹吸作用。这样一来，我国就能将国外先进的商业模式、产业资本、产业技术等“引进来”，从而促进我国产业的快速发展，与此同时，还能通过核心企业带动双循环转型升级。我国要想充分发挥供应链的核心优势，提升供应链体系的价值，实现供应链体系的广泛应用，就要坚持遵循五大发展路径和应用四大促进工具。其中，五大发展路径分别是国际布局、内外布局、区域集聚、行业整合、企业迭代。四大促进工具分别是市场配置资源、调整产业结构、整合产

业资源、提升发展方式。

三、双循环体系建设是新旧动能科学转换的内生动力和重要驱动

旧动能已经无法适应我国经济产业结构的发展，所以，要实现经济产业结构升级就要进行新旧动能转换，这也是产业目前面临的主要问题之一。我国的产业结构具有非常大的提升空间，要实现新旧动能的有效转换，就需要以内需为主导，以外需为动力，建立双引擎增长模式，同时还要建立经济产业体系，形成竞争优势，使生产要素的价值水平获得进一步提升。建立双循环体系，要以新旧动能转换和建立产业创新体系为重点。供应链具有强大的内生动力，及系统性、结构性、行业性和市场化发展的特点。可以借助供应链的内生动力和特点，提高供应链体系的创新能力，实现对双循环体系的赋能，不断突破供应链重点领域的难点问题，通过优化产业链条，提升产业链的延伸能力和可持续发展能力，增强产业链的核心竞争力，在驱动创新的同时，有效实现新旧动能的转换。

四、双循环体系建设是政府公共治理服务的管理创新和服务提升

双循环体系建设是国家战略的一部分，因此我们必须认识到其必要性和重要性。要推进双循环体系建设，首先要积极开展国内经济产业合

作，不断优化国内区域经济分工；其次要提升政府的公共服务能力，加强政府对资源的科学配置，实现政府行政流程再造和政府治理创新；再次要学习和借鉴国内外产业发展的成功经验，使国内产业适应全球产业发展的新趋势；最后要通过供应链体系建设实现产业升级和产业重构。我们既要把握双循环体系的产业需求，也要把握国内产业的具体情况，充分认识国内外循环的整体协同、关键节点和约束条件，构建包含不同国家主体、不同产业链条和不同产业产品的有机生态，并推动这一产业的高质量发展。

“两种资源”和“两个市场”

内外双循环之间具有相互替代、相互补充的部分，两者具有辩证统一的关系。双循环战略的辩证思维具有四方面的含义：

（1）我国的经济循环是国内国际双循环，而不是单一的国内循环或国际循环。我国的经济双循环具有相互交融、相互影响和相互促进的关系，两者就像是两个紧紧咬合在一起的齿轮。国内循环是国际循环的重要组成部分，却又能保持相对独立，它可以在深度融入国际循环的过程中，寻求发展的动力和支撑。

（2）我国的经济双循环要有主次之分，要始终以国内循环为主，国际循环为辅。近年来，国内劳动力成本不断攀升，中美贸易摩擦升级，一些“驻扎”于我国的外资产业陆续转移，加上新冠肺炎疫情的影响，通过扩大出口拉动经济增长越来越困难。因此，我国要想稳定国内经济增长，就需要立足于国内需求，积极构建完整的内需体系，形成国内经济循环。

（3）构建国内国外经济双循环的核心在于构建完整的产业链和供应链。产业链、供应链是双循环的纽带，脱离这一纽带，双循环就成了无本之木、无源之水。所以，要构建完整的产业链和供应链，推动双循环相互促进。

（4）双循环既要有效率，又要保证安全性。如果我国经济能积极参与到国际循环之中，我国企业就能同时利用国内、国外两个市场的资源。我国具有庞大的市场和完整的工业体系，因此，我国企业应充分利用这些优势，不断提高自身经营效率和竞争力，努力把握全球化机遇，分享全球化带来的红利。同时，我们也要加强国内循环的抗风险能力，以保证在国际循环出现风险时，我国依然可以通过国内循环拉动经济的稳定增长。而要加强国内循环的抗风险能力，就需要从产业链、供应链着手，不断提高各个链条的坚韧性、稳定性和安全性。

我国要想在经济发展上取得进一步的突破，就需要实现经济产业要素的最优化配置。而要实现生产要素的最优化配置，实现跨国际、跨区域、跨职能、跨部门的资源分配，就需要以构建完整的产业链体系为主要抓手。

一、实施供应链战略，提高国内产业链内循环的核心竞争优势

我国要形成双循环格局，就需要以构建供应链体系为抓手，通过深化供给侧改革和挖掘国内市场潜力积极调整产业结构，及时弥补核心技术短板，持续强化产业优势，一方面要提升国内经济循环的抗风险能力，另一方面要积极实施“供应链+”发展战略。供应链体系建设不仅是形成双循环的重要驱动因素，也是保障双循环稳定运行的科学发展模式。在构建产业链体系的过程中，我们必须突破产业链中的三大孤岛，即“技术孤岛”“信息孤岛”和“价值孤岛”；同时要实现各产业业态的融合，构建标杆企业、大中小企业、金融机构、服务机构相互支持、相互促进的生态系统。我们要通过关键技术的攻关和创新，降低核心产业对外依赖程度；通过统筹规划、列出清单和攻关重点难点，实现“点”的突破；通过引导市场对产业链要素进行科学分配，解决产业链上、下游的应用难题；通过构建产业链国内闭环体系，推动双循环的可持续性发展。

二、推动产业协同化，内外融合实现双循环产业价值有效传递

我国要兼顾国内循环和国际循环，实现国内产业链与国际产业链的对接，深化与其他国家在产业链方面的合作，充分利用好内外两个市场

的资源，形成内外循环优势互补、相互促进、良性互动的产业经济新格局。

我国要把握“一带一路”的契机，明确上层计划的方向和定位，推动供应链体系建设，优化产业关联体系配置，坚持产业融合、结构重构、要素增值、业态互补的原则，创新体制机制；要找到正确的切入点，推动产业整合与升级，建立促进性、指导性的目录，不断优化产业链结构，建立具有全球竞争力的产业体系，形成双循环一体化供应链产业体系发展格局。中国企业要有机融合到国际产业链、供应链之中，通过技术创新来提高自身在国际产业链、供应链中的地位，使自身成为国际产业链、供应链中必不可少、无可替代的部分，同时也要积极参与国际分工合作，不断提升自己的国际竞争力。

市场和政府“双轮驱动”

要实现国内国际“双循环”相互促进，一方面，要保持经济管理部门和经济主体的协调与平衡，另一方面，要处理好以下四种关系：一是政府与市场的边界关系；二是国内规则与国际标准的对接关系；三是国际技术与国内市场的交换关系；四是扩大进口与巩固出口的互促关系。“国内国际双循环相互促进的新发展格局”的构建需要市场和政府共同参与。市场和政府要充分发挥“双轮驱动”的作用，明确自身运行的边界，以法律来规范自身责任与义务。在产业经济发展上，要坚持以市场为主导的原则，同时，政府也要发挥好自己的作用，比如积极营造适应经济发展的环境，为产业发展提供公共产品和公共服务等。总之，市场和政府要明确自己的分工，做到各司其职；同时也要懂得相互协调、相互配合，形成统一的合力。

构建“国内国际双循环相互促进的新发展格局”，关键在于持续改善营商环境，通过互联网、人工智能、云计算、大数据等新一代信息关键技术提升中国产业链的现代化水平和供应能力；同时也要鼓励商业协会、商业组织、专业机构等发展，不断丰富社会主义市场经济生态。要构建国内大循环，挖掘国内市场的潜力，激发国内产业的活力，疏通生产、分配、流通、消费各个环节的“堵点”，消除各个环节的“痛点”，使各类要素自由流动起来。这不仅是发挥市场规律作用的前提，也是实现资源优化配置的前提，同时还是实现供求与价格相互反馈、市场主导经济的前提。

一、载体支撑：形成支撑国内外双循环发展的重要产业基础设施

为推动双循环发展，我国要积极引进重大项目，以关键技术推动项目建设，不断完善供应链的基础设施体系。目前，我国正在推进“一带一路”、自贸试验区、自由贸易港、新型交通基础设施等重大项目建设。而推进双循环发展要紧抓这些大项目的建设契机，建设好基础设施平

台，引导国外企业和项目在国内产业园区和经济带落户，建成配套的基础载体和基础设施，增加国内核心企业的规模、数量，提高其竞争力，逐步掌握关键核心技术和知识产权，通过经济开放试验区建设，提高对外开放水平，形成“以国内大循环为主体、国内国际双循环相互促进的新发展格局”。另外，还要通过工程建设，改造产业基础设施，提升产业链的基础能力和现代化水平，在巩固传统产业优势的同时，充分发挥优势产业的作用，提高优势产业的领先地位。

二、国际互通：构建便捷、高效、低成本的双循环发展的物流网络体系

我国要将国内国外双循环与国内国外供应链物流体系精准对接，并进行深化合作；要在双循环的物流基础设施方面不断优化布局，通过国际化产业分工促进国际物流体系发展；要搭建“一带一路”物流体系，通过物流数据和产业数据的科学调度、统筹与共享，实现“一带一路”参与国的物流通道一体化；要构建安全、高效的物流服务网络，降低产业的运营成本，推动区域经济发展，实现服务双循环的国际物流网络布局。推动供应链体系建设，既有利于推动双循环的产业载体布局，也有助于推动双循环的功能性布局。我国需要大力建设集约化和专业化的产业载体，从而吸引并聚集人才、资金等生产要素，为双循环体系提供必要的物流服务，以供应链平台集聚区和产业集聚区作为支撑双循环体系运行的载体。

在促进生产要素、产业业态的协同发展方面，供应链体系建设不仅具有较大的经济效益，也具有较大的社会效益。从对双循环的作用上来看，它既能推动国内经济自循环的健康发展，也能推动国际经济大循环的有序发展；既能有效整合国内、国外两个市场的分工，又能优化各生产要素的市场化配置。

第12章 推进我国产业链现代化的实践对策

产业基础高级化和产业链现代化

2019 年 8 月 26 日，在中央财经委员会第五次会议上，习近平总书记提出了“打好产业基础高级化、产业链现代化的攻坚战”的要求。早在2019年10月，党的十九届四中全会就强调要“提升产业基础能力和产业链现代化水平”。这些要求和意见为我国产业的发展与升级指明了努力方向、提供了工作遵循。那么，产业基础高级化和产业链现代化的具体含义是什么呢？

一、产业基础高级化的基本内涵

产业的形成和发展都需要产业基础，产业基础包括产业部门和产业要素，其中产业部门能为产业的形成和发展提供基本的生产资料，产业要素能够为产业的形成和发展提供产业底层结构。从工业上来看，传统工业底层结构包含基础材料、基础技术、基础工艺、基础零部件、基础动力等多种生产要素。在科技不断发展的今天，工业生产要素也增加了新的内容，其中最具代表性的是“基础软件”。而所谓基础产业能力，其实就是生产部门和生产要素对产业形成和发展的推动力度和保障程度。

产业基础能力能够对产业的多个方面产生决定性的影响，比如能影响产业发展的质量、潜力和可持续性，影响产业链的控制、价值链的控制等。产业基础高级化涉及产业基础能力高度化、产业基础结构合理化和产业基础质量巩固化三个方面，三者统一便是产业基础高级化。

- **产业基础能力高度化：**需要建立全流程、全要素的产业体系，实现高技术、高效益、高保障。
- **产业基础结构合理化：**要在产业内、各产业之间、各底层结构要素之间形成一种动态优化和适配的状态，比如实现技术集约、关系协调、组织顺畅、比例恰当、运转安全的状态。

• **产业基础质量巩固化**：要在生产活动中稳步提高要素效率、组织效率、产品和服务附加值等。

要推动我国经济向高质量发展转型，就必须实现产业基础高级化，这是党中央在当前背景下对产业基础能力、产业基础结构、产业基础质量的发展做出的判断。

二、产业链现代化的基本内涵

产业链是各个产业部门之间基于一定的技术经济联系，并依据特定的逻辑关系和时空布局关系客观形成的链条式关联形态，主要包含四个维度，分别是价值链、企业链、供需链和空间链。产业链涵盖产业组织、生产过程和价值实现三大部分，涉及产品生产全流程、服务提供全过程，同时包含生产制造和流通消费的多个环节，如动力提供、技术研发、原材料生产、中间品制造、终端产品制造、商品物流、产品消费等。产业链现代化是实现产业现代化的前提，具体来说，就是利用先进的科学技术和产业组织方式对传统产业链进行改造升级，使产业链具备高端链接能力、自主可控能力和领先于全球市场的竞争力。

产业链现代化如何体现可以从两个角度进行观察。从产业链维度视角观察，它主要体现在以下四个方面：一是能够协调好区域布局的集聚与扩散；二是能够高效且安全地进行供需链连接；三是能够实现企业链各主体之间的有序分工和高效协同；四是能够提高价值链各环节的价值。从产业链运转方式上来看，产业链现代化体现在以下三个方面：一是产业链韧性；二是产业链协同；三是产业链网络化。

- **产业链韧性：**一方面通过各个企业的转型升级持续提高产业链的技术水平和经济水平；另一方面通过重构产业链、打造高端产业链等方式提高产业链的抗风险能力，使其能够适应更复杂、更广泛的市场。
- **产业链协同：**提升价值链、企业链、供需链和空间链的协同能力，优化这四大链条的资源配置，从纵向上使产业链中各环节之间实现互补，从横向上使多种功能之间实现互补，在降低成本的同时提高产业链整体协同效率，并最终形成多赢局面。
- **产业链网络化：**将产业链向产业网转化，即把传统线性链条式产业关联形态升级为立体网络式产业关联形态，实现产业链的网络化、高级化过程。在产业网中，各个产业组织之间相互交错，形成了一种多维、泛连的网络结构，实现资源、知识和能力的整合与互补。将产业链网络化之后，可以通过产业的协调与融合提高产业组织的效率，降低产品成本和服务成本，同时使产业网及其各节点组织提高柔性和适应性。

产业基础高级化和产业链现代化是当前和未来一段时间内我国坚持的产业发展路线。它是产业持续升级和进化的过程，也是产业不断完善和优化的过程。这一产业路线不但与世界科学技术革命相呼应，而且与世界产业变革大格局相呼应，同时还与我国产业体系在新的历史阶段实现升级换代的要求相适应。坚持走好产业基础高级化和产业链现代化的发展路线不可能一蹴而就、速战速决，而应该积时累日、持久作战。

产业基础高级化和产业链现代化既符合供给侧结构性改革的要求，也符合经济高质量发展的要求。在新时代，通过提高产业基础能力和现代化水平对应对全球产业新竞争格局至关重要。

在当前和未来的一段时间，特别是未来的“十四五”规划期内，持续提升产业基础能力和产业链水平是实现我国产业发展和升级的重要指导方针，它不仅有助于我国建立坚实的发展基础，也有助于将我国打造成制造强国。产业基础高级化和产业链现代化是一场长久的攻坚战，它是我国面对世界经济不确定性实行的正确方针，也是我国应对经济下行压力的现实需要；是我国长期坚持实行创新驱动发展战略的客观要求，也是我国持续增强经济发展内生动力和实体经济实力的必然选择。

把准产业链现代化的核心

2019年8月28日，在中央财经委员会第五次会议上，习近平总书记强调：“要充分发挥集中力量办大事的制度优势和超大规模的市场优势，打好产业基础高级化、产业链现代化的攻坚战。”这一战略布局具有重要且深远的意义，能够对我国产业的长远发展起到积极的促进作用。

产业链涉及产品生产的全流程、全过程，包括产品的设计、研发、生产、加工、组装、流通、销售和消费等多个环节。产业链与供应链、价值链之间既有区别又有联系：产业链描述的是各生产环节的技术经济关系，供应链描述的是各市场主体之间的供需关系，价值链描述的是各生产和供应环节的价值创造和分配。

随着经济全球化和产业分工的深化，国家之间的竞争已经从产品和产业的竞争上升为产业链的竞争。一个国家的产业链竞争力体现着整个产业的竞争力。在中低端领域，我国拥有相对完整的产业链，同时工业体系的种类也比较齐全，但是，这只能说明我国的产业足够大，却无法说明我国的产业足够强。我国的产业基础还不够牢固，传统产业的竞争力也变得越来越弱，因此，我国要加快推进产业基础高级化和产业链现代化进程，重新塑造我国的产业结构并建立新的产业竞争优势，从而在保持产业原有竞争优势的同时不断提高产业的国际竞争力。

面对日益复杂的国内外环境，我国要积极推动制造业高质量发展，建设制造强国。而这就需要从产业链现代化着手，具体来说，就是要做好以下四方面工作：

（1）实现产业链完整性。要实现产业链现代化，必须以实现产业链完整性为前提。我国是世界第一制造业大国，拥有门类齐全的产业和完整的产业链，这也是我国产业的最大优势。近年来，随着中美贸易摩擦的升级，许多劳动密集型产业不断向外转移，这会严重威胁我国产业链的完整性，使我国产业丧失竞争优势。而要巩固我国产业的竞争优势，就必须确保我国产业链的完整性。

（2）确保供应链安全性。要实现产业链现代化，也要确保供应链的安全性。因此，我国要在关键核心技术方面“补短板”“锻长板”，不断提高我国高新技术产业链的抗风险能力，增强产业链的坚韧性，从而自如应对外部的“脱钩”“断供”威胁，维护我国产业链的安全性。

（3）实现产业基础高级化。产业链现代化的核心是实现产业基础高级化。产业基础能力是产业的根基，要提高国家产业的整体实力和水平，使产业具有核心竞争力和高质量发展的潜力，就必须实现产业基础高级化。虽然我国产业规模十分庞大，门类也非常齐全，但在“四个基础”上却严重受制于人：一是关键基础材料，二是核心基础零部件，三是先进基础工艺，四是产业技术基础。因此，我国必须提升产业链的协同创新能力，在“四个基础”上摆脱对国外的过度依赖，实现产业基础高级化，夯实产业高质量发展的“地基”。

（4）实现价值链高端化。产业链现代化的目标是实现价值链高端化。我国产业已形成中低端水平的价值链，其价值的实现一方面依赖于资源要素投入，另一方面依赖于投资出口。现阶段，资源和环境的矛盾正在不断加剧，外部需求也在不断变化，价值链的增值已经无法通过传统方式来实现，这就需要提高价值链的附加值，使产业的收益分配趋于最大化。

我国产业链现代化面临的挑战

我国在推进产业链现代化方面具有以下四大优势：首先是我国工业总量规模足够大；其次是我国产业配套能力比较强；再次是我国市场需求前景广，最后是我国新型举国体制优势明显。但同样也面临以下几方面的挑战：

一、成本高企不利于保持我国成本导向型产业链完整性

近几年，随着人工、土地、能源、物流等成本不断攀升，我国制造业的综合成本早已超过越南、印度等国家，并在低端制造业领域面临被这些国家替代的威胁。同时，我国制造业的综合成本与美国、德国等发达国家制造业的综合成本之间的差距也在不断缩小，使得这些发达国家开始推动制造业回流。受成本上升影响，我国劳动密集型产业不断向越南、印度等国家迁移，不少外资企业也开始向本土国家回归。产业链下游的代工企业主要从事终端产品的生产，这些代工企业属于劳动密集型企业，同时也往往是产业链中的龙头企业。如果这些产业链下游的劳动密集型企业迁移到国外，势必也会带动上游企业跟着转移，这种趋势不利于我国保持产业链完整性，而且很可能使我国产业丧失竞争优势，因此对我国产业的发展来说是一项重大的挑战。

二、协同创新不足制约产业链整体水平提升

产业链水平提升一旦存在短板，就会影响产业链整体水平的提升。这种“木桶理论”同样适用于产业链创新。目前，我国尚未形成相互协同、彼此联动、互利共生的产业创新生态体系，不少领域产业链上下游的企业之间未能形成紧密的合作关系，各企业之间缺少动力进行协同研发，科技创新活动比较分散，存在“孤岛现象”，碎片化问题相对严重。各个企业更倾向于在产业和工业方面进行独立创新，而很少选择合作创新，这使得各个企业在技术协同创新方面交流合作不足、各自为战。目前，我国已经建立了140多家产业技术创新联盟，但是多数联盟的状态不够活跃，联盟发挥的作用有限。另外，我国的产业链、创新链、资金链、人才链之间缺乏紧密的联动，产业链水平提升也缺乏技术、人才、资金等方面的支撑。

三、体制机制障碍制约产业链各环节主体的发展活力和创造力

近年来，我国营商环境不断得到改善，但仍存在不少弊端，包括市场主体活力受到束缚、市场作用受到阻碍、价值规律无法发挥作用等。具体来说，主要表现为以下四个方面：从要素获得上来看，我国的要素市场尚未发育完全，在此情况下，许多中小微企业很难公平地使用各类资源要素；从产权保护上来看，我国已经建立起“四梁八柱”的保护制

度，但不少制度落实困难且执行力度明显不足；从公平竞争上来看，一些民营企业进入市场比较困难，一些地方性规定有碍市场统一和公平竞争；从科技创新上来看，我国尚未形成健全的科技管理制度和政策体系，既不能充分激发创新人才的积极性，也无法全面激发市场主体的创新力。

除了要重视这些弊端，我国还要格外关注高技术产业供应链存在的安全性风险。改革开放以来，特别是加入WTO之后，我国不少高技术产业得到快速发展，但主要集中在产业链下游的加工组装环节和中低端制造领域，在上游的基础材料、关键零部件、核心技术设备、主要软件等方面仍长期受制于人。随着以美国为首的部分国家对我国高技术产业的“围追堵截”，我国高技术产业随时可能面临“断供”风险，因此，我们必须采取有力措施积极应对供应链安全性方面的挑战。

打好产业链现代化攻坚战

改革开放以来，我国借助自身优势较好地融入全球产业链之中。随着我国经济活力的不断释放，我国一举成为全球制造业第一大国，不仅大幅度提升了产业基础能力和产业链水平，同时也建立了门类齐全、体系完整、规模庞大、技术水平较高的产业体系。但我国的产业链总体处于中低端水平，产业链控制力不强，关键核心技术受制于人，产品附加值普遍较低，产业结构尚不完善，资源环境承载压力较大，与高质量发展和产业链现代化的要求相去甚远。

产业是经济发展的基础，是国家立足于世界的根本。随着新一轮科技革命和产业变革的兴起，全球产业链面临重塑机遇，同时一些贸易保护主义也开始抬头，国际分工体系面临严峻挑战。因此，我国要加快产业基础能力和产业链水平提升，不断提高我国产业在全球产业分工中的地位；要充分发挥集中力量办大事的制度优势和超大规模的市场优势，以夯实产业基础能力为根本，以自主可控、安全高效为目标，以企业和企业家为主体，以政策协同为保障，坚持应用牵引、问题导向，坚持政府引导和市场机制相结合，坚持独立自主和开放合作相促进，打好产业基础高级化、产业链现代化的攻坚战。

一、夯实产业基础能力

产业基础能力既是产业发展的根基，又是产业发展的动力，它可以直接决定产业链水平的高低，主要包括底层技术、基础设施、政策环境、质量标准、人才队伍、基础材料、关键零部件等多种要素。目前，我国与欧美国家在产业链水平上仍存在较大差距，特别是在产业基础能力方面明显落后。例如，我国比较缺乏底层研发设备、设计软件、工业数据软件等技术工具，尤其是高端数控机床长期依赖国外进口；我国尚未建立健全的质量标准和检验检测体系；我国的新型基础设施服务水平比较落后；等等。

针对这些短板，我们要大力升级产业结构，积极重塑产业基础，不断加大重点领域的投入力度，改变在关键材料、工业软件、基础零部件、检验检测平台、新型基础设施等方面受制于人的情况，全面调动国内产业力量，强化各市场主体之间的协同合作，推动实施产业基础能力攻关工程和重大示范工程，全力弥补产业基础短板，充分发挥长板优势。同时，还要适应新一代信息技术产业发展需求，加快5G、人工智能、大数据、云计算、智能网联汽车等新型基础设施建设，推动制造业向数字化、网络化、智能化、绿色化、可持续化方向发展。

二、提升产业链控制力

产业链控制有三种基本形态，分别是全产业链控制、关键环节控制、标准和核心技术控制。

（1）全产业链控制。这种类型的企业通常是产业链主导企业。这类企业组建产业链合作联盟的主要方式是签订契约，提升产业链绩效的主要方式是优化联盟内协作机制，增强自身影响力的主要方式是培育核心能力。这类企业之间是一种动态的产业链合作关系。

（2）关键环节控制。这类企业致力于培育自身的核心能力，其获取行业话语权的方式主要有两种：一是利用自身的成本控制能力；二是利用自身的竞争优势。

（3）标准和核心技术控制。这类企业能利用技术创新和产业发展之间的“互补互促效应”实现市场控制和利润获取。由此可见，获得产业链控制能力的关键在于拥有产业生态主导企业和核心零部件供应企业。

要提升产业链控制力，就需要加强对全产业链、关键环节、标准和核心技术的控制，一方面，要以企业为主体，培育产业生态主导企业和核心零部件企业；另一方面，要以企业家为主体，积极营造有利于企业家创新、创业、创造的优良环境，调动企业家做事的积极性，支持实体经济企业的发展壮大。

要激发企业的创新活力，提升企业的核心竞争力，特别是对国有企业、科研院所和研发机构给予创新能力和竞争优势方面的支持；要针对重大技术公关、产业链主导企业培育等，建立专门的考核评价体系；同时，要大力支持中小企业的发展，引导中小企业积极参与产业关键共性技术研发，不断提升中小企业的创新能力和核心竞争力。加大对创新企业的扶持力度，提高对发展、培育、壮大创新企业的重视程度，尽可能多地打造优质、高效、潜力大、发展快的创新型企业集群。

三、促进产业链联动发展

（1）促进产业链上下游联动发展。加强产业协同，支持供应链上下游企业进行技术合作攻关，提高产业链韧性和产业链水平，推动服务业和制造业进行深度融合发展。

（2）促进供需联动发展。坚持“巩固、增强、提升、畅通”八字方针，在提高供给效率的同时，提高供给质量，既要打造战略性产业链，也要打造全局性产业链，同时还要注重发挥庞大人口优势和大规模市场优势，打造完整的内需体系，并以此倒逼产业转型升级。

（3）促进内外联动发展。既要坚持独立自主，也要坚持开放合作，实现两者的相互促进、共同进步。要提高国内标准与国际标准对接能力，加强国际合作，并以此为契机，建立具有更强创新力和更高附加值的产业链。

（4）促进产业链、价值链、创新链联动发展。加强产业和市场之间的联动，构建共性技术平台，推动科研成果转化应用，解决跨行业、跨领域的关键共性技术问题，加强“政产学研资”之间的合作，打造创新产业生态。

（5）促进要素协同联动发展。将政府引导和市场机制相结合，加强实体经济发展的引导作用，推动相关政策之间的协同，促进各要素资源的流动，加快构建信息新优势、技术新优势、知识新优势和人才新优势。另外，还要进行中央和地方的联动，把目光集中在重点产业领域，如5G、人工智能、智能网联汽车等，打造一批具有国际竞争力和全球影响力的世界级产业集群，推进产业链现代化的落地实行。

第13章

后疫情时代的我国供应链安全战略

疫情肆虐下的全球经济态势

近几年，国际政治、经济形势复杂多变，2020年初暴发的新冠肺炎疫情更是加剧了这种形势。为了稳定国内经济，构建国内循环与国际循环相互促进的新发展格局，我国要继续深化供给侧结构性改革，将我国大规模市场优势和庞大的内需潜力全面释放出来。

在目前的形势下，构建双循环新发展格局十分必要。如果对2020年上半年国内国际经济形势进行深入分析，就会对此产生更深刻的理解。

一、国内经济：呈现深“V”形恢复态势

从经济长期发展态势来看，2020年初突发的新冠肺炎疫情确实给我国经济造成了一定的冲击，但这种冲击是暂时的。在疫情影响下，我国经济呈现深“V”形恢复发展趋势。根据国家统计局发布的数据，2020年第一季度，我国经济增长速度下降6.8%。但相较于1月、2月来说，我国经济增长速度在3月出现了一定程度的反弹，降幅明显收窄，这一点可以通过对三大产业的增加值以及就业、投资、消费等领域的各项数据进行分析得出。到4月、5月，我国经济发展形势整体向好，逐渐从这次巨大的短期冲击中恢复过来。

2020年3—5月，制造业采购经理指数、非制造业商务活动指数连续3个月保持在临界值以上。如果用一条曲线对2020年1—5月的经济发展情况进行描述，1—2月是最低点，3月开始爬升，整体呈“V”字形。所以说在疫情的影响下，我国经济呈现出深“V”形恢复态势。

综合分析4—5月的经济运行情况和6月疫情暴发情况以及企业复工复产情况可以发现，虽然局部地区的疫情暴发会对经济恢复造成一定的影响，但2020年下半年，中国经济基本能够恢复到正常发展水平。到2021年，中国经济将迎来新一波增长高峰。

虽然相较于2019年同期来说，5月的很多经济指标表现不佳，也只能说明中国经济深“V”形恢复发展的基础还有待巩固。在做好疫情防控的情况下，我国经济发展要以做好“六稳”工作、落实“六保”任务

为中心，稳定企业发展，保证就业率达到一定水平，切实落实政府出台的各项举措，长期执行纾困政策（至少要保持到2020年底），同时鼓励技术创新，深化市场改革，坚持“短期纾困与长期创新相结合”的思路，为2021年经济中高速增长奠定扎实的基础。

二、国际经济：呈“W”形恢复的态势

从国际经济走势来看，疫情冲击下全球经济持续衰退，将给中国经济增长带来极大不确定性和对中国供应链地位产生重大影响。

新冠肺炎疫情的肆虐给全球经济造成了巨大冲击。据国际货币基金组织预测，2020年，全球经济将萎缩4.9%。据世界银行预测，2020年，全球经济将萎缩5.2%。具体到贸易领域可以发现，2020年第一季度，全球贸易额同比下降3%。据WTO预测，第二季度全球贸易额将同比下降18.5%。对全球主要经济体进行分析可以发现，2020年第一季度，美国GDP同比下降4.8%，日本GDP同比下降3.4%，欧元区的GDP同比下降3.1%。根据国际货币基金组织预测，2020年全年，美国GDP将下降8%，日本GDP将下降5.8%，欧元区GDP将下降10.2%。

面对新冠肺炎疫情的巨大冲击，为了恢复经济，稳定经济增长，世界各国都在采取经济救助措施。但因为美国等国家的疫情迟迟得不到有效控制，再加上医学专家预测进入秋冬季之后，随着气温下降，疫情有可能卷土重来，所以世界经济短时间内难以恢复到疫情前的水平，甚至有可能呈现“W”形恢复的态势。

在经济全球化、经济一体化的形势下，世界经济的不稳定将给中国经济的恢复发展造成极大的不良影响。如果全球经济呈现“W”形恢复态势，而中国经济呈“V”形恢复态势，两者的异步发展有可能产生巨大的缺口，这个缺口将严重影响我国国际经济循环建设，甚至会危及我国经济深“V”形恢复发展的基础。

如果疫情长期存在，全球经济持续衰退，中国供应链和产业链在国际竞争中的优势地位将受到一定的冲击，其实这种冲击早在2020年上半年就已经显露出来。2020年1—2月，中国国内暴发新冠肺炎疫情，全国停工停产，有些城市甚至采取了限行措施，国内供应链与产业链按下了暂停键，大量订单延迟交付，大批企业订单萎缩，给全球供应网络造成了巨大的冲击。进入3月之后，日本、韩国、意大利、德国、法国、美国等国家相继暴发疫情，全球供应网络面临前所未有的挑战。

虽然从3月开始，国内企业就相继复工复产，但也是从3月开始，疫情开始在全球流行，对中国产业链与供应链造成严重影响。从国际循环角度来看，新冠肺炎疫情对中国以及其他国家的交互性冲击，必将给中国经济的复苏与增长造成严重的不良影响。

另外，为了应对新冠肺炎疫情带来的不良影响，各国必然会对供应链进行调整，使“去全球化”的趋势愈演愈烈。事实上，近几年贸易保护主义在全球范围内盛行，再加上新一轮科技革命的影响，全球供应链已经呈现出本地化、区域化、分散化的趋势。在新冠肺炎疫情的影响下，这种趋势必将不断加强，全球供给链或将面临一次彻底的洗牌，极有可能威胁我国在全球供应链中的安全。在此形势下，从短期看，我国要在“六保”政策（保居民就业、保基本民生、保市场主体、保粮食能源安全、保产业链供应链稳定、保基层运转）的基础上保产业链、供应链安全；从长期看，我国要在保证产业链安全的基础上，想方设法提升产业链运行效率，增强产业链的核心竞争力。

国际层面：稳定全球供应链

受新冠肺炎疫情影响，全球经济大幅萎缩。根据国际货币基金组织（International Monetary Fund，IMF）预测，2020年全球经济将萎缩4.9%，发达国家预计萎缩8%，发展中国家和新兴经济体预计萎缩3%。对于我国来说，虽然随着国内疫情得到控制，复工复产取得巨大成果，但全球疫情对我国经济的影响将长久存在。从短期看，受疫情影响最严重的行业应该是进出口相关行业；从长期看，在产业链的作用下，内需相关行业也将受到一定的影响。鉴于此，我国必须对此次疫情给予高度重视，未雨绸缪，稳定国内经济，保证我国供应链安全。

面对这种经济形势，习近平总书记作出重要指示，“要加强宏观经济政策协调，稳市场、保增长、保民生”。但从目前的情况看，自2020年4月以来，以美国为首的诸多国家向我国发起经济攻势，先是美国白宫国家经济委员会以政府承担所有搬迁费用为条件，要求美国在华企业撤出中国，之后日本政府要求日本企业撤出中国，并计划为此投入22亿美元。随着国家间的贸易摩擦愈演愈烈，全球供应链有可能面临新一轮重组。在此形势下，维护供应链安全就成了稳定经济发展的第一要务。

一、确保全球供应链开放

为防止供应链中断，我国必须始终保持对外开放，而且要按计划提高对外开放水平。从国家层面来讲，世界各国应该相互合作，加强联防联动，做好疫情防控，同时合理地降低关税，消除供应链障碍，有序恢复交通运输，包括航空、航运、铁路等。在这个过程中，中国要发挥主导作用，加强区域性合作，打通国际产业链各个环节，让每个国家都能发挥出自己的优势，从而实现优势互补、共同发展。

从企业层面来看，为了应对疫情给全球经济造成的不良影响，国内的进出口企业要对海外供应链中的企业提供帮助，形成长期的战略合作伙伴关系，在成本可控的情况下优先选择国际采购，保证国际供应链合作的连续性。

二、确保全球供应链稳定

中国是最早受到新冠肺炎疫情冲击的国家，也是最先控制住疫情，恢复正常生产、生活的国家。面对疫情在全球的暴发，我国要展现大国担当，加强与“一带一路”沿线国家开展产能合作，围绕航运、航空、关税、海关、商检、金融等问题与全球主要贸易合作伙伴进行磋商，发挥好沟通协调作用，在遵守世界贸易规则的前提下开展贸易互惠，破除国际贸易合作的制度壁垒，维护全球供应链的安全与稳定。

三、确保全球供应链安全

此次疫情暴发的范围之大，控制之难超乎想象。对于世界各国来说，抗击疫情、复工复产都是一场持久战。在这种情况下，联合国、世界贸易组织、世界卫生组织等国际机构要发挥协调、引导等作用，推进全球供应链应急协同机制建设，包括全球供应链合作的应急机制、互惠机制、产能合作机制、法律合作机制等，加强国家层面的协商，整合各国应对突发事件的成功经验，加强对供应链的监测，提前感知风险，做出预警，保证信息的顺畅流通，保证跨境物流正常运转，控制全球经济的萎缩趋势，防止全球经济大衰退的局面出现。

国内层面：制定供应链安全战略

一、研究外贸供应链“固链”计划，出台非常规时期的扶持政策

随着新冠肺炎疫情在全球暴发，我国进出口供应链受到了重大影响。为了维护供应链安全，我国应及时采取“固链”计划，利用政策工

具保证进出口产业稳定发展。例如，在制定出口政策之前，政府要对外贸出口企业面临的问题与核心诉求进行深度调查，对出口受阻的订单进行了解，加强与相关方的沟通与协调，搭建出口订单信息共享平台，推进出口转内销，利用庞大的内需市场消化出口产能，切实维护进出口企业的利益。

在进口政策方面，政府可以减免部分商品的税收，对于一些高附加值的产品，例如产品的核心零部件，产品研发、生产、测试所需的设备等，要积极在国内寻找替代品，或者实现自主研发与生产，提升产业配套水平，大力扶持高新技术企业，吸引外企在高新技术领域投资，或者鼓励国内企业收购外企，构建一个完整的供应链体系。

对于进出口贸易企业，政府可以从调费率、再融资、给补贴、保险理赔、进出口退税等方面入手提供更精准的扶持政策，帮助企业恢复产能。

二、抓住消费回补窗口期，推动内需供应链体系分层优化

目前，在疫情后的复工复产阶段，政府提出要“促进消费回补，释放消费潜力”。在此阶段，我国要抓住消费回补带来的机遇，推行有利于扩大内需的政策，加快实施一批新的扩内需、补短板、强弱项项目，优化我国产业供应链的布局。除此之外，对于不同行业的供应链，政府应根据实际需求制定相应的策略。

对于应急物资供应链，要优先保障产能；对于民生物资供应链，要

保证产能平稳，严防供不应求的情况发生；对于粮食、石油等战略性物资要加强储备，防止全球疫情迟迟得不到有效控制带来的逆向伤害；对于高新技术产业，尤其是新基建相关产业，要加强供应链设计与优化，建设一个信息化、数字化、智能化的供应链体系，从新一轮技术革命中发现机遇，促进供应链实现创新发展。

三、加快完善保障支撑，推动供应链金融与平台服务体系建设

在疫情的影响下，我国现有的供应链暴露出许多问题，其中保障制度问题最为严重。为解决这些问题，保证供应链健康发展，我国要紧抓供应链数字化转型的趋势，持续推动供应链金融体系和平台服务体系建设。

为推动供应链金融体系建设，政府要出台一系列政策，一方面鼓励核心企业发挥自己的优势，进入供应链金融领域，在供应链金融体系建设中发挥主要作用，推进供应链金融生态圈建设；另一方面要分担核心企业的业务压力，鼓励其主动承担起建设供应链金融体系的重任。具体来说就是要鼓励物流与供应链服务企业、供应链上下游企业和金融机构借助大数据、AI、物联网、区块链等技术积极推进供应链金融体系建设。为推进服务平台体系建设，政府要鼓励各类平台型企业充分发挥供需对接、资源优化配置的作用，建立健全平台供应链监督体系。

四、依托供应链升级战略机遇，加强供应链营商环境建设

现阶段，中国供应链建设面临着一系列机遇，包括全球资金回流、供应商本土化、产业链升级、数字化经济快速发展等。面对这些机遇，中国应该积极推进技术创新，转变产业结构，创建良好的营商环境吸引外资与人才，通过外资市场准入，外资金融机构开放，稳定的货币政策、财政政策和知识产权保护政策创建良好的市场环境，推进供应链营商环境向好发展。

推进制造企业供应链转型升级

一、高度重视逆全球化影响，对制造业供应链进行长期系统布局

虽然我国拥有世界上最完整的制造业门类，而且有220多种工业产品的产量高居世界第一，但按照原有的全球产业链分工，我国制造业依然处在“微笑曲线”的底端，高端设备生产能力不足，半导体、机电产品、光学医疗等设备长期依赖进口。受新冠肺炎疫情及中美贸易冲突的影响，美国、日本等国明确表示要缩短供应链，将供应链转向本土。

目前，我国处在供应链转型升级的关键时期，虽然取得了一定的成

效，但发达国家高端制造业的快速撤离依然给我国造成严重影响。当然，离开我国供应链的支持，这些国家也会受到一定的影响。未来，在推进供应链发展的过程中，我国要对“去中国化”“逆全球化”和民族主义兴起等问题予以重点关注。

一方面，我国要警惕发达国家利用自己所掌握的资源、技术等优势对我国进行“制裁”，削弱我国在全球供应链中的地位与影响力。另一方面，我国要从重点制造企业的供应链着手，认真梳理我国现有的供应链体系，全面了解供应链主体及其掌握的战略资源，对供应链变革趋势进行深入探究，找出我国供应链现存的重大问题，通过系统化的设计使供应链体系与结构不断优化、完善。

二、推动产业升级转型，深度提升中国制造业供应链管理能力

受疫情影响，欧美等发达国家的经济陷入停滞状态，我国要紧抓这一机遇大力推动产业转型升级，切实提升供应链的管理能力。一方面，我国要明确各制造产业在全球价值链中的位置，通过政策引导推动产业转型升级，例如发布产业转型指南、提供政策优惠等，从而完善整个产业链条，建设产业链集群，提高中间品生产能力，切实保证国内企业对各类中间品的需求。

另一方面，在产业转型升级过程中，政府要鼓励中国制造业企业借转型之机切实提升供应链管理能力，将提升供应链管理能力视为企业发

展的一大战略，推动制造业企业与供应链企业融合发展，鼓励制造业企业对供应链产能进行系统、深入分析，形成多源供应计划，使供应链应急组织与管理能力得以切实提升。

三、加强区域经济全面合作，加快制造业供应链全球布局

为适应经济全球化的发展趋势，我国始终坚持对外开放，并不断提升开放水平，鼓励企业“走出去”，尤其是制造业企业，积极参与国际分工与合作，全面提升我国供应链水平。

一方面，我国要加快自由贸易试验区建设，通过打造创新与营商环境优势吸引优质的国外资源进入国内，包括资金、技术、生产要素等，同时为我国企业“走出去”提供一条更加便捷的通道。同时，我国要加强与其他国家的磋商，与更多国家签署《区域全面经济伙伴关系协定》，推动产业链与供应链实现融合发展。

另一方面，在新一轮产业革命开展过程中，我国要积极鼓励企业“走出去”，了解海外消费者的需求与喜好，积极拓展海外市场，同时利用中国稳定的经济发展环境与优厚的人才待遇吸引外资与高精尖人才，在全球范围内布局供应链。

四、高度重视供应链安全建设，提升制造企业供应链弹性

在国家政策的支持下以及企业自身的努力下，我国有一批企业成功走出国门，在国际市场上占据了一席之地，例如华为、中兴、小米等。

我国供应链安全建设要学习、总结这些企业建设全球供应链的经验与教训，以重点行业企业为核心，例如《中国制造2025》规定的十大关键领域中的企业，组织产业链上下游企业开展供应链“备链”计划，加大自主创新力度，借新基建布局之机构建智慧供应链体系，提高供应链的弹性，增强供应链的韧性，在动荡不安的国际局势中保证我国供应链的安全与稳定。

第五部分

做好“六稳”，落实“六保”

第14章

做好“六稳”：推动高质量发展

守底线、稳增长、提信心

“六稳”方针首次被提出是在2018年7月召开的中共中央政治局会议上，其主要目的在于应对中美贸易摩擦给我国经济发展带来的各种不确定性，具体包括六大内涵，即“稳就业、稳金融、稳外贸、稳外资、稳投资、稳预期”，面向的是我国经济发展所面临的内、外问题，具有极强的针对性和可操作性，为应对风险、稳定经济发展提供了强有力的保障。

“六稳”方针的推出一方面反映了我国经济发展所面临的形势之复杂，另一方面明确了未来经济发展的重心。随着中美贸易摩擦加剧、世界经济增长分化，我国经济发展面临的不确定性因素越来越多。为了深入理解中国经济形势变化以及政府的政策调整，我们需要对“六稳”方针进行深入解读。

“六稳”方针涉及了就业、金融、外贸、外资、投资、预期六大方面的内容，它们之间存在紧密的联系。党的十九大报告提出，就业是最大的民生。就业会直接影响人们的生活，就业不稳就有可能导致社会不稳。从这个层面来看，“稳就业就是守底线”，而稳定就业的关键在于保持经济稳定发展，所以稳增长就被提到了非常突出的位置。“稳金融、稳外贸、稳外资、稳投资”都是为“稳增长”服务的。稳就业与稳增长，可以极大地降低经济波动给人们带来的恐慌，从而实现稳预期。而稳预期又可以提振人们的信心，实现稳定社会发展的终极目标。其实，从本质上来看，“六稳”方针就是“守底线、稳增长及提信心”。

一、守底线

守底线的重点在于稳定就业。2020年5月发布的《政府工作报告》显示，“2019年，我国新增就业共1352万人，年末城镇登记失业率为3.62%，就业形势总体稳定，全年目标任务全面完成。城镇新增就业共900万人以上，城镇调查失业率共6%左右，城镇登记失业率共5.5%左右，我国就业继续保持稳定增长，就业压力并没有出现上升的问题”。由此可见，稳就业是2020年下半年的重点，如果国内外经济形势发生较大改变，可能会对就业造成一定的不良影响。

二、稳增长

稳增长涵盖了方方面面的内容，包括“稳金融、稳外贸、稳外资、稳投资”等。稳金融的关键在于稳定股市、汇市、债市、房市。2020年上半年，我国股市出现了较大波动，汇率贬值成为人们共同担忧的问题，“去杠杆”导致债市波动压力持续上升，房地产调控导致房地产市场出现了更多不确定性。在这种情况下，想要稳定金融，关键是做好金融系统性风险防控，做好风险感知与预测，提前制定应急方案，以免出现不可控风险造成严重后果。在国际经济、政治形势动荡不安的当下，稳外贸与稳外资是应对外需忽高忽低的问题，防止外资非预期减速或者突然撤离等问题的关键举措。

三、提信心

提信心的关键在于稳预期。根据商务部发布的数据可知，自2016年开始，我国每个季度的GDP增速基本上都在6.7%~6.9%，说明我国经济发展非常稳定，而且具有很强的韧性，增长潜力巨大。在此形势下，我国形成了相对稳定的经济增长预期，使得每一个微观个体对我国未来的经济发展趋势树立了信心，带动投资、消费稳定增长，进而促进宏观经济稳定增长。面对极度不确定的国际经济形势，政府要引导社会公众对当前的形势做出理性判断，对未来经济发展树立信心，相信未来经济会稳定增长。

增长动力培育、结构调整及空间拓展

“六稳”方针的内涵非常丰富，涵盖的内容非常多，且这些内容之间存在一定的联系。讨论“六稳”方针的关键不在于明确“六稳”方针的内涵，而是要推动“六稳”方针落地，保证经济社会稳定运行。至于“六稳”方针的落地，则要结合中国经济社会发展的实际情况进行全面分析，从增长动力培育、结构调整、空间拓展三个方面寻求发展。

一、增长动力培育

从经济增长动力来看，改革开放带来了许多红利，是我国经济稳定增长的重要驱动力。改革开放以来，我国经济实现了高速发展。对于推动经济发展的原因则是见仁见智，其中人口红利推动经济发展的观点得到了很多人的支持。

但近年来，我国人口结构发生了较大的改变，老龄人口在总人口中的占比不断提升，青壮年劳动力占比有所下降，再加上社会保障及环保、土地等成本不断上升，我国驱动经济发展的低成本优势逐渐消失，包括劳动力低成本优势、生产要素低成本优势等，导致一些低附加值产业的增长动力逐渐减弱。在此形势下，为了稳定经济增长，我国必须改革经济发展体制机制，促使人力资本稳定增长，推动产业转型升级，从中低端产业向中高端产业发展，用改革红利取代人口红利，推动我国经济实现稳定可持续发展。

二、结构调整

从经济结构调整来看，想要稳定经济增长，必须着力扩大内需。国际经济形势动荡会直接导致外需出现较大波动，在这种情况下，扩大内需就成为稳定宏观经济的重要举措。加入WTO以来，我国进出口贸易在拉动经济发展方面发挥了极其重要的作用，外需始终保持较快增长，而内需在一定程度上被忽视，这也正说明我国内需还有很大的挖掘空间。

内需由投资与消费两大部分组成。近年来，虽然固定资产投资等增长速度出现了一定的波动，但在拉动内需方面，投资扮演了非常重要的角色。尤其是目前，中国正在大力推行公共服务均等化，实施乡村振兴战略，进一步扩大了固定资产投资拉动内需的空间。与此同时，在我国，消费在拉动经济增长方面发挥的作用比较有限，与发达国家存在较大的差距。所以，在未来的经济发展中，拉动投资和消费将成为稳定内需的重要立足点。

三、空间拓展

从经济增长空间来看，想要稳定经济发展，还需要以深化改革开放、提高开放水平为抓手。中美贸易冲突不仅会对中美两国的合作造成不良影响，而且会波及全球。为了减少中美贸易摩擦给我国经济造成的不良影响，我国必须积极与其他国家建立合作关系，拓展新的合作空间。在这方面，加大对外开放力度是重要举措。

近年来，我国积极推进自贸区建设，探索形成高标准的经贸规则，实施准入前国民待遇加负面清单管理模式，鼓励物流、金融等服务业提高开放水平，吸引其他国家的企业、资本前来寻求合作。除此之外，我国还积极与其他国家协商推进自贸区建设，推动“一带一路”倡议有序实施，鼓励中国企业将产业链、供应链延伸到世界各地。基于上述措施，中国经济发展空间得到大幅拓展，为经济稳定发展奠定了良好的基础。

坚持以供给侧改革为主线

面对复杂的国际形势，虽然通过培育增长动力、调整经济结构、拓展经济发展空间可以促使经济保持稳定增长，但要想真正实现稳增长的目标，必须结合我国的实际国情，深入贯彻党的十九大精神，以深化供给侧结构性改革为主线，对相关政策进行合理设计。具体来看，稳增长的目标可以通过以下三个方面来实现。

一、培育增长新动力：守住稳就业的底线

近两年，美国向我国发起贸易战，恶意打压中国企业，限制美国企业向我国输出人才与技术等。面对美国的单方面挑衅，我国既要采取相应措施维护国家利益，又要防止重蹈1980年美日贸易战中日本的覆辙，

不仅不能回避改革，而且要进一步深化改革，调整经济结构，培育经济增长新动力。具体来看，就是要做到以下两点：

第一，通过改革扩大内需，改革的重点要放在税收体制机制领域。首先要建立分类与综合相结合的个人所得税制度，降低个人所得税，增加个人可支配收入；其次要推进社会保障体制及收入分配制度改革，营造良好的消费环境，刺激人们产生消费冲动，建立消费信心，做到“敢消费、愿消费、能消费”，通过消费拉动经济增长。第二，完善社会主义市场经济体制，强化市场在资源配置中的地位，提高劳动力、资本等生产要素的流通效率，为经济稳定增长提供支持与助力。

二、激活存量资金：实现稳金融、稳投资的目标

近年来，我国经济稳定发展，全国财政每天在央行国库的现金存款余额达3万亿元。为了给经济增长注入新动能，应该通过国库现金管理体制改革，除保留一部分资金用于保障财政日常支出外，将剩余的资金以各种方式投向市场，推动实体经济发展，满足投资消费等活动对资金的需求。

另外，政府要积极推进商业银行等金融体系改革，强化金融监管，完善相关的制度体系，防止大量资金脱离财政部门、银行监管在国家现金控制之外活动的情况发生，压缩套利套汇空间，鼓励民间资本投资实体经济，推动实体经济展现出新的生机与活力。同时，政府要密切关注房地产行业的发展趋势，防止大规模资金在非理性的情况下流入房地

产市场，引导资金流向有利于经济可持续发展的领域，保证经济稳定增长。

三、推动国际经济合作，实现稳外贸与稳外资的双重目标

在目前的国际经济形势下，国际市场的拓展空间越来越小，短时间内很难取得显著成效。为了稳外贸、稳外资，我国要加强与“一带一路”沿线国家和地区合作，推进自贸区建设。目前，欧洲形成了欧盟，美洲形成了北美自由贸易区，而亚洲的自贸区建设迟迟没有取得很好的进展。在这种情况下，中国应该积极推进中日韩自贸区及RCEP（Regional Comprehensive Economic Partnership，区域全面经济伙伴关系协定）谈判，推动东亚地区贸易自由化，最终实现东亚经济一体化，甚至亚洲经济一体化，进一步扩大国际贸易投资空间，降低国际形势变化对我国外贸经济的影响，实现稳外贸、稳外资的双重目标。

第15章

落实“六保”：稳住经济基本盘

“六保”：以保促稳、稳中求进

2020年以来，受新冠肺炎疫情的影响，全球经济陷入衰退期，外贸风险大幅提升，我国经济发展遇到了极大的挑战。在此形势下，党中央提出要“加大‘六稳’工作力度，保居民就业、保基本民生、保市场主体、保粮食能源安全、保产业链供应链稳定、保基层运转”。“六稳”“六保”是党中央立足于发展现状，着眼经济发展形势做出的重大战略部署，其主要目的在于守住民生与经济社会发展的底线。

面对新冠肺炎疫情在全球暴发以及贸易摩擦带来的经济不稳，各地政府必须全面落实“六保”任务，想尽一切办法稳定就业、扩大就业；加大基本民生保障力度；为中小微企业提供必要的支持，帮助它们解决生存、发展问题；保证粮食能源的安全，防止能源危机出现；提高供应链、产业链的竞争力；保证基层公共服务，满足居民日常生活、生产的需求，只有这样才能稳住经济发展的基本盘。

一、以人民为中心的发展思想的具体体现

2020年，面对突然暴发的新冠肺炎疫情，以习近平同志为核心的党中央果断决策，集中调配全国的人力、物力，耗费数月时间让疫情得到有效控制。疫情对我国正在高质量发展的经济造成了一定的冲击，这一点已毋庸置疑。除了经济，民生保障也受到了一定的挑战，但“越是困难越要迎难而上”。全面落实“六保”任务充分体现了共产党“坚持以人民为中心，始终将人民的利益放在首位”的发展思想，坚决守住基本民生底线，想群众之所想，急群众之所急，充分调动人民群众的积极性，集全国之力稳定经济、保障民生。

二、实施扩大内需战略的内在要求

随着疫情得到有效控制，我国复工复产的规模越来越大，大多数行业企业已经恢复正常，并慢慢修复疫情带来的冲击，但受国际经济萎缩的影响，需求侧恢复起来非常困难。在此形势下，我国经济发展要立足

于内需，通过扩大内需缓解外需萎缩对需求侧的影响。“六保”任务对消费、投资具有双重的拉动作用。

一方面，“保居民就业、保基本民生、保基层运转”，可以将人们在疫情期间被压制的消费需求释放出来，培育新的消费增长点，不断扩大居民消费规模，合理增加公共消费，借消费拉动经济增长。另一方面，“保市场主体、保粮食能源安全、保产业链供应链稳定”可以有效拉动投资需求，培育更多新的经济增长点，利用投资拉动经济发展。

总而言之，只有落实“六保”任务，才能更好地挖掘国内市场，释放我国超大规模市场对经济发展的促进作用，促使经济发展恢复到正常水平。

三、集中精力做好自己的事情的有效举措

面对复杂的国际经济形势，我国经济想要保持稳定发展，必须坚决奉行“底线思维”，一方面要坚定信心，保持定力，另一方面要对经济发展可能面临的困难、风险、不确定性等进行全面评估，集中精力做好自己的事情。“六保”任务的落实可以稳定就业，为陷入发展困境的中小微企业以及群体提供帮助，提高供应链与产业链的竞争力，增强经济发展韧性，拓展经济发展空间，提高灵活应对外部复杂经济形势的能力，在国际市场上牢牢掌握主动权。

“六保”任务的内涵和重点

“六保”的内涵非常丰富，几乎覆盖了社会民生的各个领域，直接影响着我国经济社会的发展。为了全面落实“六保”任务，要抓住以下六大工作重点。

一、保居民就业

在社会民生涉及的众多问题中，就业是根本性问题，因此“六保”任务将保居民就业放在了首位。一直以来，我国就业形势都非常严峻。2020年，在疫情的冲击下，一些中小企业破产，大企业暂停招聘计划，进一步增强了就业形势的严峻性，稳就业的压力持续增加。在此形势下，保居民就业必须全面强化就业优先政策，同时推出“减负”“稳岗”“扩就业”多种政策，帮助企业攻克难关，稳定增长，为社会提供更多就业岗位。

首先，在做好疫情防控的前提下，要有序推动餐饮、文化、旅游、家政等可以吸纳大量劳动力的行业复工复产，为中小微企业提供必要的帮助，帮助“外销”转“内销”的企业拓展国内市场，稳定现有的就业岗位。

其次，对于无法稳定现有就业岗位的企业以及就业面临诸多困难的重点群体，政府要制定精准的政策，有针对性地提供帮助。同时，政府要大力鼓励灵活就业和新形态就业，为待就业群体提供一些公益性就业岗位，推进一批重大工程开工，吸纳受教育水平较低、竞争力比较弱的群体就业。对于高校毕业生，政府要为其提供持续不断的就业服务，扩大基层服务项目招聘规模等，帮助高校毕业生就业。

最后，在零售行业，受疫情影响，越来越多的线下门店将业务转到线上，对员工的岗位能力、技术要求发生了一定的变化。为了稳定就业，提高居民的就业能力，政府要组织开展职业技能培训与转岗转业培训，帮助他们稳定现有工作，或者走上更好的岗位。

二、保基本民生

保基本民生是增强信心、稳定社会发展的关键性举措，具体来看需要做好以下几点：第一，聚焦困难群体，为其提供基本生活保障；第二，扩大低保范围，做到城乡困难家庭应保尽保，对于符合条件的城乡失业及返乡人员，要及时纳入低保；第三，完善社会救助制度，扩大社会救助的覆盖范围，对因为疫情或者疾病暂时遇到困难的人员提供救助；第四，根据物价上涨情况启动价格补贴联动“六保”任务机制，对困难群体发放生活补贴，保障其基本生活。

三、保市场主体

居民就业离不开各类市场主体的支持，只有保障市场主体运转正常，才能实现保居民就业、保基本民生的目标。在当前的市场环境下，保市场主体的重点要放在中小微企业领域。政府要面向中小微企业落实阶段性减税降费、减免企业社保费、延期还本付息、降低利息负担等政策，在以制度型安全为导向的同时，根据实际情况推出阶段性政策，为更多受疫情冲击陷入发展困境但可以恢复正常运营的企业提供支持，帮助它们摆脱生存困境，提高生存与发展能力。

四、保粮食能源安全

对于一个国家来说，粮食和能源是非常重要的战略资源，是保证国家安全的重要基础。

保证粮食安全。首先，要稳定粮食生产，坚决落实“米袋子”省长负责制，完善农业补贴政策，鼓励更多人从事农业生产；其次，坚决推行“藏粮于地、藏粮于技”战略，保证粮食播种面积，创新农业生产技术，提高亩产，保证粮食供给。

保证能源安全。首先，要保证煤电油气等能源供给的稳定性与安全性，对国际市场、国内市场进行统筹，保持供需平衡；其次，要提高煤炭等资源的利用率，积极研发可再生能源，全面补足石油、天然气、电力产供销体系的缺陷，大力提升能源储备能力。

五、保产业链、供应链稳定

稳定经济发展的关键就在于保产业链、供应链稳定。近年来，国际经济愈加不稳，原有的全球供应链体系正在被打破，一个全新的体系呼之欲出。在此阶段，一些国家推行贸易保护主义，大力提高“本土化生产”比例，导致全球供应链收缩，呈现非常明显的区域化、近岸化特征。

为保证供应链、产业链稳定，我国要采取以下三大举措：第一，坚持对外开放，继续推进全球供应链合作；第二，针对可能出现的“断供”问题提前做好预案，下定决心补足短板，提高整体创新能力，整合国内现有资源，建设可替代的供应链，增强国内供应链的替代能力；第三，优化营商环境，不断提升对外开放水平，增强国内产业链的根植性，提升产业链应对风险的能力以及竞争力，切实保障产业链安全。

六、保基层运转

想要稳定公共服务，保障民生，必须保证基层正常运转。受疫情影响，一些地方停工停产，导致地方财政受到了阶段性的影响。为了保基层运转，首先，中央要加大对地方财政的支持力度，针对新增财政赤字和抗疫特别国债实行特殊转移支付机制，直接向市县基层拨款，保证基层机构与部门正常运转，保证相关人员的工资可以正常发放。其次，对财政支出结构进行优化调整，减少一般性支出，集中所有资源优先保障公共服务与基本民生，从各个层面为困难群体提供救助，保证他们的正常生活。最后，政府可以与社会资本合作，引导社会资本参与公共基础设施建设，将财政资金的利用方向集中在公共服务领域，实现保基本民生的目标。

确保完成“六保”任务的对策建议

虽然“六保”任务只有短短的36个字，但落实起来并非易事。想要完成“六保”任务，必须坚持中国共产党领导，全面发挥我国特色社会主义制度的优势，把握好“六稳”和“六保”的关系，增强政策的协同性、针对性和精准性，深化改革、补足短板，完善各项机制，调动各方参与的积极性与主动性，具体分析如下。

一、正确把握“六稳”和“六保”的关系

“六保”是“六稳”工作的着力点，其最终目的是“兜住民生和经济社会发展底线”，属于底线型要求。只有全面落实“六保”任务，才能持续增加居民的可支配收入，保障民生，维护能源安全，保证产业链、供应链安全，帮助中小微企业攻克难关实现可持续发展，才能以保促稳、稳中求进，为稳定经济发展，全面建成小康社会夯实基础。

二、增强政策的协同性、针对性和精准性

“六保”的六项任务存在密切关联，因此，想要保证政策的落地效果，必须增强政策的协同性，统筹协调形成合力，使各项政策发挥出最大的效果。受疫情影响较为严重的群体与企业一般具有一些鲜明的特征，例如企业以中小微企业为主，群体以农民工、城乡贫困群体等为

主，因此政策要具有一定的针对性，对这些企业与群体进行重点扶持，帮助中小微企业渡过难关，保证困难群体的正常生活，兜牢基本民生底线。“六保”相关政策的落实必须具有精准性，包括扩大低保和救助范围、减免小微企业和个体工商户房租、强化对中小微企业普惠性金融支持等，这些政策要发挥出最好的效果，必须精准到人、户和企业。

三、深化改革，更好补短板、堵漏洞、强弱项

我国面对暴发的新冠肺炎疫情，在党和人民的共同努力下，经过数月战斗取得了显著胜利，一方面体现了我国特色社会主义制度的独特优势，另一方面也暴露出我国经济社会发展过程中存在的一些问题。针对这些问题，我国要继续深化改革，与“六保”任务相结合补短板、堵漏洞、强弱项，使各项制度不断健全，使国家治理体系不断完善。

四、完善机制，激励基层党员、干部主动担当作为

“六保”任务的落实需要基层党员、干部主动承担责任，真抓实干，将各项政策落到实地。为了激发基层党员、干部承担责任的主动性、积极性，政府要制定相关政策完善激励机制，改进干部考核方法，鼓励干部深入社区与企业，了解群众需求，摸清企业困难，针对实际问题研究解决方案，让“六保”任务真正发挥出应有的效果。

参考文献

[1] 孙超."双循环"之思[N]. 21世纪经济报道,2020-07-31(004).

[2] 刘大山.在"双循环"大坐标中找准发展定位[N].南京日报,2020-08-06(A05).

[3] 罗立彬.推动形成双循环新发展格局[N].北京日报,2020-06-15(013).

[4] 佚名."双循环"里的新发展格局[N].华夏时报,2020-08-10(001).

[5] 朱菲娜.推动双循环须稳外贸促消费双管齐下[N].中国经济时报,2020-08-10(002).

[6] 蔡普华.推动内外双循环实现良性互动[N].联合时报,2020-08-25(006).

[7] 刘晓明.以双循环驱动转型发展[N].山西日报,2020-08-19(006).

[8] 甄新伟.育新机、开新局全力畅通"双循环"[N].第一财经日报,2020-08-11(A11).

[9] 佚名.坚持对外开放,构建国内国际双循环的新格局[N]. 21世纪经济报道,2020-05-29(001).

[10] 黄汉权.加快构建双循环相互促进的新发展格局[N].经济日报,2020-07-15(011).

[11] 汤继强.坚持改革开放形成"双循环"新发展格局[N].每日经济新闻,2020-08-03(004).

[12] 梁启东. 在融入“双循环”发展格局中促进沈阳高质量发展[N]. 沈阳日报, 2020-08-20(008).
[13] 崔卫杰. 以更大力度的改革开放推动形成双循环新发展格局[N]. 中国经济时报, 2020-08-13(004).
[14] 王昌林, 杨长湧. 在构建双循环新发展格局中育新机开新局[N]. 经济日报, 2020-08-05(011).
[15] 胡畔. 政策加码力促国内国际双循环[N]. 中国经济时报, 2020-08-03(002).
[16] 温美荣. 加快构建完整的内需体系[N]. 学习时报, 2020-07-22(002).
[17] 王昌林. 深化对“双循环新发展格局”内涵的认识[N]. 中国城乡金融报, 2020-08-14(A07).
[18] 尹响. 以更高水平对外开放助推国际国内经济双循环[N]. 每日经济新闻, 2020-08-05(007).
[19] 佚名. 以钉钉子精神推动优化营商环境落地见效[N]. 黄冈日报, 2020-06-11(001).
[20] 朱向东. 持续发力优化营商环境推动经济社会高质量发展[N]. 商丘日报, 2020-06-18(002).
[21] 褚峥. 多措并举畅通国内大循环[N]. 中国建材报, 2020-07-20(001).
[22] 蒲实. 双循环格局要着力抓好国内大循环[N]. 学习时报, 2020-07-27(001).
[23] 李超. 两个大循环的另类观[N]. 华夏时报, 2020-07-27(015).
[24] 佚名. 立足国内大循环，构建新发展格局[N]. 中国企业报, 2020-08-04(003).

[25] 陈宪. 国内大循环的源动力在哪里？[N]. 每日经济新闻，2020-08-03(004).
[26] 马宁. 着力抓好国内大循环[N]. 甘肃日报，2020-08-11(006).
[27] 王一鸣. 国内大循环与对外开放是统一的[N]. 环球时报，2020-08-07(015).
[28] 佚名. 打破梗阻方能畅通大循环[N]. 经济观察报，2020-08-03(001).
[29] 刘解龙. 深刻理解“以国内大循环为主体”的依据与意义[N]. 长沙晚报，2020-08-14(006).
[30] 刘美琳. 发展国内大循环需要都市圈交通、市场、科研一体化[N]. 21世纪经济报道，2020-08-10(005).
[31] 胡鞍钢，鲁钰锋，周绍杰，等. 供给侧结构性改革的三大逻辑[J]. 国家行政学院学报，2016(06).
[32] 刘伟. 经济新常态与供给侧结构性改革[J]. 管理世界，2016(07).
[33] 佚名. 供给侧结构性改革是脱困根本之策[J]. 中国经贸导刊，2016(15).
[34] 李峥. 供给侧结构性改革思路的马克思主义政治经济学思考[J]. 企业科技与发展，2019(11).
[35] 周琳娜，白雪秋. 以人民为中心的供给侧结构性改革——基于马克思主义政治经济学的人民视角[J]. 学术论坛，2019(05).
[36] 杨岳东. 浅析供给侧结构性改革[J]. 经济研究导刊，2019(32).
[37] 徐丹. 重大政策审计在推动供给侧结构性改革中的作用探讨[J]. 市场研究，2019(12).
[38] 陈明森，伍长南. 习近平供给侧结构性改革的福建探索及其理论意义[J]. 福建行政学院学报，2019(06).

[39] 王润国，严虎. 金融支持供给侧结构性改革调查——以海西蒙古族藏族自治州为例[J]. 青海金融，2020(01).

[40] 王洁钰. 新时代供给侧结构性改革理论的发展与创新[J]. 濮阳职业技术学院学报，2020(02).

[41] 邱晖. 优化产业链布局协同推进哈市复工复产[N]. 哈尔滨日报，2020-06-15(008).

[42] 王若兰，王有鑫. 后疫情时代全球产业链的发展趋势[N]. 中国财经报，2020-07-18(006).

[43] 黄汉权. 聚焦四大发力点打好产业链现代化攻坚战[N]. 经济日报，2020-02-13(011).

[44] 李予阳. 加快推进产业链协同复工复产[N]. 经济日报，2020-03-06(003).

[45] 佚名. 中国在全球产业链中的地位将进一步巩固[N]. 21世纪经济报道，2020-02-27(001).

[46] 广瑞平. 工厂机器开动了，全球产业链就稳了[N]. 中华工商时报，2020-02-21(003).

[47] 佚名. 全力提升产业链现代化水平[N]. 三峡日报，2020-01-02(001).

[48] 郑少忠. 产业链各环节要协同复工[N]. 安徽经济报，2020-03-19(001).

[49] 陶凤. 全球产业链的脆弱与韧性[N]. 北京商报，2020-03-13(008).

[50] 陶凤. 全球产业链冲击波[N]. 北京商报，2020-03-20(002).

[51] 周天蕙，高凌云. 进一步完善负面清单制度方略[J]. 开放导报，2020(02).

[52] 蒋文超. 收费清单制、企业减负效应与营商环境关系研究[J]. 价格理

论与实践, 2019(11).
[53] 冷筱玥. 自由贸易试验区负面清单制度的完善策略研究[J]. 无锡商业职业技术学院学报, 2020(01).
[54] 吴静静. 外商投资负面清单的国内外经验以及对海南的启示[J]. 海南广播电视大学学报, 2020(01).
[55] 刘文婕. 我国自贸区负面清单制度的发展与完善[J]. 时代经贸, 2020(12).
[56] 蒋文超. 收费清单制、地方政府效率与企业减负效应[J]. 地方财政研究, 2020(06).
[57] 崔凡. 让开放的大门越开越大——评2020年版外商投资准入负面清单[J]. 财经界(学术版), 2020(13).
[58] 郝红梅. 直击新版外商投资负面清单[J]. 中国外汇, 2018(15).
[59] 赵爱玲. 两大负面清单落地释放外资开放新信号[J]. 中国对外贸易, 2018(08).
[60] 田野. "变薄"的负面清单——透析新版负面清单油气上游领域外资准入限制取消[J]. 中国石油企业, 2019(09).
[61] 王敬哲. 新时代继续把对外开放战略推向前进[J]. 现代营销(经营版), 2019(12).
[62] 黄庆. 关于完善对外开放战略布局的认识和思考[J]. 当代中国史研究, 2016(01).
[63] 李艳. 新疆对外开放战略回顾与实施效果评价[J]. 实事求是, 2010(06).
[64] 黄平晁. 实施面向中亚扩大对外开放战略的几点思考[J]. 新疆金融, 2007(12).

[65] 丁洪波. 浅析我国的对外开放战略[J]. 内江师范学院学报, 2004(S1).
[66] 施本植. 世纪之初云南省对外开放战略的选择与调整[J]. 云南社会科学, 2000(05).
[67] 谢晓娟. 略论中国对外开放战略[J]. 辽宁教育学院学报, 1998(06).
[68] 唐杰, 邹宇. 论天津对外开放战略选择[J]. 城市, 1991(03).
[69] 门洪华. 推动中国对外开放进入新时代——党的十八大以来中国对外开放战略的总结与前瞻[J]. 社会科学, 2019(01).
[70] 佚名. 全面提升对外开放水平——王晓红等著《新形势下中国对外开放战略研究》简介[J]. 全球化, 2018(04).
[71] 叶璐. 居民消费增长与社会保障制度关系研究[J]. 科技创业月刊, 2010(12).
[72] 李敏. 供给侧改革对社会保障制度影响几何[J]. 人民论坛, 2017(29).
[73] 邱春雷, 陶纪坤. 论社会保障与经济发展的关系[J]. 理论月刊, 2007(06).
[74] 粟熙. 社会保障不是经济发展的包袱[J]. 湖南商学院学报, 2007(06).
[75] 王呈芳. 简析社会保障水平与经济增长关系[J]. 边疆经济与文化, 2017(07).
[76] 李小马. 社会保障制度对城乡家庭消费的影响[J]. 现代经济信息, 2015(12).
[77] 林静, 周惠明. 论居民消费增长与社会保障制度的完善——基于经济增长的视角[J]. 湖北经济学院学报(人文社会科学版), 2011(12).
[78] 陈玉亮. 我国社会保障制度改革的基本思路[J]. 纳税, 2019(35).
[79] 张阳. 论中国优秀传统文化对社会保障制度的影响[J]. 经济研究导刊,

2020(04).

[80] 刘玉安，徐琪新. 从精准扶贫看完善农村社会保障制度的紧迫性[J]. 东岳论丛，2020(02).

[81] 韩鹏飞. 自贸区建设成为区域经济转型“新宠”[N]. 现代物流报，2019-08-28(A03).

[82] 佚名. 努力打造河北自贸区建设的曹妃甸样板[N]. 唐山劳动日报，2019-09-02(001).

[83] 王和平. 努力增强海南自贸区建设的行动自觉[N]. 海南日报，2018-08-15(A07).

[84] 浙江舟山群岛新区六横管理委员会党委理论学习中心组. 紧跟新时代步伐抢抓新区自贸区建设机遇努力建设实力、活力、魅力六横[N]. 舟山日报，2018-08-06(005).

[85] 耿明斋，秦敏花，娄春杰，等. 加强自贸区建设打造内陆开放新高地[N]. 开封日报，2016-12-17(002).

[86] 佚名. 立足大局切实做到“四个新作为”[N]. 文汇报，2017-04-23(007).

[87] 佚名. 高等学校服务社会的模式创新[N]. 中国社会科学报，2017-04-26(008).

[88] 李敬. 重庆自贸区建设需把握三个关系、明确三大定位[N]. 重庆日报，2017-04-07(011).

[89] 王艳. 自贸区建设推动沈阳新一轮振兴发展[N]. 沈阳日报，2017-04-10(005).

[90] 王元亮. 落实丝路精神加快河南自贸试验区建设[N]. 河南日报，2017-

05-30(004).

[91] 佚名. 民建无锡市委部署新基建项目应做到“四个注重”[N]. 无锡日报, 2020-06-30(005).

[92] 赵李南. 应找好传统基建与新基建项目平衡点[N]. 每日经济新闻, 2020-03-11(001).

[93] 张磊, 刘允明. 超前布局新基建迎风逐浪自贸港[N]. 海南日报, 2020-04-01(A10).

[94] 彭松. 新基建要做好专项规划和投融资规划[N]. 第一财经日报, 2020-03-26(A11).

[95] 唐龙. 提升新基建对扩大智能化运用的支撑力[N]. 重庆日报, 2020-04-30(011).

[96] 李鑫. 推进“新基建”应遵循七条原则[N]. 经济参考报, 2020-06-30(007).

[97] 庞清阁. 以整体优化为导向统筹推动五大融合[N]. 中国交通报, 2020-06-11(006).

[98] 李宇嘉. 老基建，真的“老”了吗？[N]. 证券时报, 2020-03-18(A03).

[99] 杨耿. 新基建的溢出效应值得期待[N]. 重庆日报, 2020-06-05(011).

[100] 邓子纲. 以人工智能引领湖南现代产业体系构建[N]. 湖南日报, 2019-04-02(005).

[101] 宋迎迎. 习近平新时代中国特色社会主义经济思想的理论贡献和实践价值[N]. 滁州日报, 2020-04-03(007).

[102] 刘勇. 进一步强化区域高质量协调发展在扩内需、稳增长中的作用[N]. 中国经济时报, 2019-07-19(008).

[103] 江聃. 中国经济彰显强劲韧性扩大内需仍是重中之重[N]. 证券时报, 2020-07-15(A01).

[104] 李晓华. 构建完整内需体系深度释放经济潜力[N]. 经济日报, 2020-07-22(011).

[105] 张威, 林梦, 路红艳. 把握新形势下扩大内需的新特点和发力点[N]. 经济日报, 2020-08-12(011).

[106] 张可云. 扩大内需潜力还很大[N]. 环球时报, 2020-08-12(015).

[107] 佚名. 千方百计扩大内需[N]. 新华日报, 2020-08-14(001).

[108] 吴秋余. 以扩大内需为基点拓展发展新格局[N]. 中华工商时报, 2020-08-13(003).